La finance islamique

Michel Ruimy

La Finance Islamique

collection « *Finance d'aujourd'hui* »
dirigée par *Michel Ruimy*

Sommaire

INTRODUCTION

En quoi les religions – et leurs diverses traditions – peuvent-elles contribuer à la régulation des pratiques financières et, en particulier, de celles du prêt à intérêt et de la rémunération du capital ? En d'autres termes, pourquoi la religion intervient-elle dans le domaine de la finance sinon pour sacraliser les interdits ou les valeurs qu'elle véhicule et réguler ainsi les activités financières.

Tandis que, l'usure, dans la religion catholique, est traditionnellement condamnée, notamment sous la forme d'intérêts rémunératoires relatifs à un prêt et que, selon la tradition juive, le prêt ne se pratiquera, avec intérêt, qu'envers l'étranger, l'Islam, quant à lui, a mis en place un système économique répondant à des exigences morales et sociales.

Cette religion repose sur le respect de la propriété privée et vise la prospérité ainsi que le bien-être des individus. L'usure, prohibée pour protéger les faibles à l'origine, est remplacée par la participation et la finance directe est encouragée. Mieux encore, elle a institué l'aumône légale (zakat) et la charité volontaire au profit des pauvres et des nécessiteux.

Concernant l'économie islamique, et en particulier les transactions commerciales, l'Islam ne remet pas en cause l'existence même du Marché en tant que moyen d'allocation de ressources mais plutôt ses fonctions de distribution de revenus. C'est pourquoi, afin de maintenir des conditions d'échange saines et équilibrées, il encourage une concurrence allant dans le sens de l'intérêt général (protection des intérêts des membres de la communauté grâce à une sincère moralité dans les affaires). A cette fin, il a établi des normes strictes rejetant, par exemple, toutes formes de comportement qui modifient les règles du marché et qui conduisent à des situations d'inefficience économique (cartel, monopole, contrôle des prix, fraude, spéculation, intervention de l'État, tarifs douaniers…).

Ensuite, l'Islam est compatible avec l'esprit d'entreprise. Il défend la propriété privée. Pour le Prophète, le gouvernement ne doit exiger aucun impôt en dehors de ceux autorisés par le Coran. De plus, il ne faut jamais priver un individu de sa propriété sans son consentement. La liberté économique est, de ce fait, au cœur de l'Islam.

Enfin, cette religion encourage la richesse. À cet égard, elle incite au travail sous toutes ses formes. Reconnaissant celui-ci comme aussi important que la foi, elle considère favorablement la richesse issue de ce labeur aux seules conditions qu'elle ne soit pas gaspillée en dépenses ostentatoires et de faire preuve de générosité : « la main haute est préférée à la main basse » (la main qui donne est préférée à celle qui reçoit).

Dès lors, comment peut-on définir l'« homo islamicus » ? Dans l'économie conventionnelle, l'homme économiquement rationnel (« homo economicus ») oriente ses actions vers la satisfaction de son intérêt personnel : le producteur maximisera son profit, le consommateur son utilité, tous deux souhaitant aboutir à leur bien-être économique. Ces notions de rationalité et de bien-être économiques sont les hypothèses fondamentales de l'économie capitaliste. En écartant la question éthique du champ de la réflexion, les théoriciens ont défini un modèle simpliste du comportement humain qui assure la prévisibilité des mouvements du marché.

Une telle simplification n'est pas acceptable dans la religion coranique. Dans l'économie islamique, la rationalité est définie comme une manière d'agir où les impératifs éthiques et les exigences économiques restent constamment liés au niveau philosophique et social. Le comportement de l'« homo islamicus » est assimilé au comportement de l'homme influencé par la Présence divine qui le voit, l'écoute et le rétribue pour ses actions. Il agit donc en fonction des commandements de Dieu, qui lui permettront d'acquérir aussi le bien-être ici-bas que dans l'au-delà. Travailler pour assurer son propre bien-être, celui de sa famille et celui de la société en général est aussi spirituel que l'acte de prières pourvu que l'effort matériel soit guidé par les valeurs morales et n'éloigne pas l'individu de l'accomplissement de ses autres obligations spirituelles et sociales. Le comportement idéal consiste simplement en la poursuite de l'intérêt personnel avec les contraintes de l'intérêt social.

Ainsi, pour tous les musulmans, la base de tous les ordres doit être la manifestation de la parole divine telle qu'elle a été transmise par le Coran et interprétée légitimement par le prophète Mahomet. En d'autres termes, au centre de tout ordre humain doit se trouver le droit divin et non celui qui est posé ou créé par l'homme lui-même (institutions comme le monarque et le Parlement). Le rôle de l'individu est limité à l'application de ce droit divin, en vigueur quels que soient le temps et le lieu. L'Islam apparaît donc comme une conception du monde qui prend position à l'égard de l'ensemble des questions de la vie humaine.

Il reste à voir comment cette dimension transcendantale va influencer notamment la finance. L'introduction de l'éthique islamique et des valeurs morales comme fondement de la réflexion va totalement modifier la structure et le fonctionnement de l'activité financière tant dans les pays musulmans désireux d'adapter leur économie aux enseignements islamiques qu'à travers le reste du monde, en réponse aux besoins ressentis par la croissance du nombre d'adeptes de cette croyance.

L'AVÈNEMENT DE LA FINANCE ISLAMIQUE

Les contacts entre l'Orient et l'Occident se sont intensifiés avec la mondialisation. Cette dernière se caractérise par une multitude d'échanges économiques, politiques et culturels entre les États et les sociétés. Elle permet également la confrontation continue avec d'autres styles et niveaux de vie, avec différentes visions et expériences du monde, avec divers us et coutumes. Si cette coexistence révèle le retard d'un pays vis-à-vis de ses partenaires, la rencontre des cultures devient un défi.

La confrontation du monde musulman avec l'Occident a déjà eu lieu au tournant du XVIIIe siècle avec l'expédition égyptienne de Napoléon. Elle devait dévoiler un retard technologique et économique qui contrastait avec la splendeur passée de la civilisation musulmane. Plus proche de nous, à la suite de la Seconde Guerre mondiale, un grand nombre de nations, appartenant à une zone s'étendant de l'Afrique du Nord jusqu'à l'Asie du Sud-est, ont établi des systèmes politiques et économiques qui ont soit prolongé des structures féodales (Maroc, Yémen du Nord, Iran, Pakistan) soit se sont orientés vers des modèles socialistes et centralisés (Égypte, Algérie, Syrie, Turquie).

Mais, dès 1960, l'Islam va devoir relever plusieurs défis. Il s'agit de crises politiques et sociales consécutives à la décolonisation, à l'exode rural à l'intérieur des pays islamiques, aux flux migratoires vers les pays européens, au développement de la sécularisation, à l'accroissement de l'espace de cohabitation des musulmans et des non – musulmans.

Dans les années 1970, à la suite des chocs pétroliers, nombre d'états arabes et musulmans vont, de plus, se retrouver à devoir investir les « pétrodollars », inconvertibles en or. Devant l'urgence de la situation, de nouvelles institutions bancaires sont créées, lesquelles exigeaient des assises théoriques qui se fondent sur le Droit musulman. Dans cette perspective, dès 1977, en Arabie Saoudite, au Koweït, aux Emirats Arabes Unis, en Égypte, dans les pays du Maghreb se multiplient des colloques internationaux, où participent, dans une même réflexion, universitaires, chercheurs, juristes, banquiers, etc., afin de dégager les fondements de la « théorie de l'économie islamique » et, en particulier la spécificité de nouvelles procédures bancaires, conforme à l'esprit de l'Islam.

Parallèlement à ces processus, l'opposition politique aux systèmes établis s'est accrue dans la plupart des nations arabes. En effet, les programmes de stabilisation et d'adaptation structurelle de la Banque Mondiale et du Fonds Monétaire International viennent renforcer encore plus la position privilégiée des élites politiques et économiques, et le nationalisme perd progressivement son aura tandis que la pauvreté se diffuse de plus en plus.

Cette contestation s'est cristallisée autour d'institutions et arguments islamiques. Dans des régions où l'interdiction des partis politiques, la censure et des mesures de répression envers les opposants du régime sont des phénomènes fréquents, la mosquée représente, en effet, l'infrastructure d'opposition la plus efficace. Comme ce réseau de lieux de prières n'est jamais parfaitement contrôlable par l'État, il permet de diffuser aisément, avec un risque limité, des opinions et d'organiser la contestation. À cet égard, la révolution iranienne de l'Imam Khomeiny, en 1979, en est une illustration. Ensuite, dans une période où les systèmes d'économie planifiée ont visiblement échoué, les préceptes islamiques apparaissent comme la seule alternative crédible qui n'ait pas été discréditée par les faits.

Dès lors, pour les réformistes, la religion musulmane ne pouvait relever les défis de l'ère moderne qu'à deux conditions : repenser l'Islam originel pour le revivre aujourd'hui (en d'autres termes, créer un système politique moderne à l'usage d'un monde musulman) et revenir à la tradition des anciens. Sous ces conditions, quelle réponse apporter à la question économique quand la réflexion politique antérieure est toujours pendante ?

L'islamisme, en tant que retour aux préceptes de l'Islam, représente, dans ce prolongement d'idées, une démarche politique qui vise à défendre les choix de société marqués, en particulier, par un vigoureux anti-occidentalisme. Le fondamentalisme prôné allait offrir une utopie de rechange, un refuge identitaire, un nouvel horizon à des masses populaires en proie aux difficultés croissantes de la vie quotidienne. Puisque les discours sur l'édification nationale, le développement, le socialisme, la « grande nation arabe » n'étaient pas parvenus à changer véritablement leur condition sociale, pourquoi ne pas s'en remettre à ces nouveaux prédicateurs qui attribuent leurs difficultés à l'influence néfaste du modèle occidental (et donc à la modernité) ? Mais dans un monde où règnent l'économie de marché et un puissant réseau bancaire basé sur le profit, et où les règles d'éthique du système bancaire islamique sont très particulières et semblent presque incongrues au cœur de la mondialisation des marchés, comment les banques islamiques tirent-elles leur épingle du jeu ?

L'« interest free banking » est, en définitive, aujourd'hui, la volonté de rétablir un système économique et financier qui puisse sérieusement fonctionner à partir de l'obéissance à l'injonction coranique de l'interdiction de l'usure. L'Islam serait, d'une certaine manière et dans une certaine mesure, le moyen de renouer d'une part, avec la performance des modèles islamiques du passé et d'autre part, avec la supériorité de la civilisation musulmane dans les domaines culturel et économique.

Aux sources de la finance islamique

Le contenu « économique » des textes fondateurs de l'Islam est assez réduit. A la base de la contribution du monde musulman à l'ordre économique se trouve la volonté d'appliquer les préceptes de l'Islam (la Chari'a) aux relations qui se nouent entre les institutions financières et les agents économiques non financiers (ménages, entreprises). La recherche de la croissance économique et du bien être social dans les pays de la communauté musulmane doit, dès lors, s'effectuer en harmonie avec les règles [1] du droit musulman c'est-à-dire :

- la prohibition de l'intérêt (al ribâ), entendu comme le profit prédéterminé, dans les prêts ou toute transaction économique ;
- le prélèvement obligatoire d'une aumône (zakat) qui constitue une contribution annuelle de solidarité ;
- l'interdiction du risque de perte (al-gharar) ;
- la condamnation de la spéculation (al-maysir).

L'interdiction du prêt à intérêt

La loi islamique ne s'oppose pas au principe ancien de la rémunération de l'argent prêté mais au caractère fixe et prédéterminé du taux d'intérêt (« ribâ »). Le principe du bénéfice dans les placements financiers est accepté par l'Islam à condition que le capital soit mis en situation de risque. En effet, la finance islamique considère que le fondement de la rémunération de l'argent placé est la rentabilité de l'actif ainsi financé et elle seule. Elle exclut, par principe, l'idée d'une rémunération fixe, déconnectée de la rentabilité de l'actif financé. Admettre le prêt à intérêt revient à institutionnaliser, au profit de certaines couches sociales, une vie où l'accumulation des profits

---

1. Cf. L'annexe consacrée aux « Sources du Droit musulman ».

sans risques alimenterait des tensions sociales. Interdire l'intérêt est donc une forme de réhabilitation du travail, du commerce, et une manière de briser l'étau de l'exploitation, la prohibition pouvant être assimilée à une sanction préventive.

Littéralement, le mot « ribâ » signifie, en arabe, accroissement. À travers l'histoire musulmane, ce terme a été reconnu comme équivalent à toute chose, grande ou petite, stipulée dans le contrat de prêt ou dans toute transaction économique faisant l'objet de paiement, en plus du principal. Ce paiement additionnel est connu, dans la terminologie moderne, sous le vocable : intérêt.

La loi coranique considère que l'existence de l'intérêt dans un prêt est avérée lorsque trois conditions sont présentes :

- il y a un surplus monétaire par rapport à la somme initiale ;

- cet excédent est la pure contrepartie du délai ;

- ce surplus fait l'objet d'une condition dans la transaction (mentionnée explicitement ou considérée comme habituelle dans les usages).

L'USURE DANS LE CORAN

Les passages coraniques qui concernent la ribâ ne sont pas nombreux. Ils sont au nombre de trois.

SOURATE DE LA VACHE (AL BAQARA)

Verset 275

Ceux qui mangent (pratiquent) de l'intérêt usuraire ne se tiennent (au jour du Jugement dernier) que comme se tient celui que le toucher de Satan a bouleversé. Cela, parce qu'ils disent : « Le commerce est tout à fait comme l'intérêt ». Alors qu'Allah a rendu licite le commerce, et illicite l'intérêt. Celui, donc, qui cesse dès que lui est venue une exhortation de son Seigneur, peut conserver ce qu'il a acquis auparavant ; et son affaire dépend d'Allah. Mais quiconque récidive... alors les voilà, les gens du Feu ! Ils y demeureront éternellement.

Verset 276

Allah anéantit l'intérêt usuraire et fait fructifier les aumônes. Et Allah n'aime pas le mécréant pécheur.

Verset 277

Ceux qui ont la foi, ont fait de bonnes œuvres, accompli la Salat et acquitté la Zakat auront certes leur récompense auprès de leur Seigneur. Pas de crainte pour eux et ils ne seront point affligés.

Verset 278

Ô les croyants ! Craignez Allah et renoncez au reliquat de l'intérêt usuraire, si vous êtes croyants.

Verset 279

Et si vous ne le faites pas, alors recevez l'annonce d'une guerre de la part d'Allah et de Son messager. Et si vous vous repentez, vous aurez vos capitaux. Vous ne léserez personne, et vous ne serez point lésés.

Verset 280

A celui qui est dans la gêne, accordez un sursis jusqu'à ce qu'il soit dans l'aisance. Mais il est mieux pour vous de faire remise de la dette par charité. Si vous saviez !

Verset 281

Et craignez le jour où vous serez ramenés vers Allah. Alors chaque âme sera pleinement rétribuée de ce qu'elle aura acquis. Et ils ne seront point lésés.

Verset 282

Ô les croyants ! Quand vous contractez une dette à échéance déterminée, mettez-la en écrit et qu'un scribe l'écrive, entre vous, en toute justice. Un scribe n'a pas à refuser d'écrire selon ce qu'Allah lui a enseigné. Qu'il écrive donc et que dicte le bonheur. Qu'il craigne Allah, son Seigneur, et se garde d'en rien diminuer. Si le débiteur est gaspilleur ou faible, ou incapable de dicter lui-même, que son représentant dicte alors en toute justice. Faites-en témoigner par deux témoins d'entre vos hommes. Et à défaut de deux hommes, un homme et deux femmes d'entre ceux que vous agréez comme témoins, en sorte que si l'une d'elles s'égare, l'autre puisse lui rappeler. Et que les témoins ne refusent pas quand ils sont appelés. Ne vous lassez pas d'écrire la dette, ainsi que son terme, qu'elle soit petite ou grande. C'est plus équitable auprès d'Allah, et plus droit pour le témoignage, et plus susceptible d'écarter les doutes. Mais s'il s'agit d'une marchandise présente que vous négociez entre vous, dans ce cas, il n'y a pas de péché à ne pas l'écrire. Mais prenez des témoins lorsque vous faites une transaction entre vous et qu'on ne fasse aucun tort à aucun scribe, ni à aucun témoin. Si vous le faisiez, cela serait une perversité en vous. Et craignez Allah. Alors Allah vous enseigne et Allah est omniscient.

Sourate de la famille d'Imran

Verset 130

Ô les croyants ! Ne pratiquez pas l'usure en multipliant démesurément votre capital. Et craignez Allah afin que vous réussissiez !

Sourate des romains

Verset 39

Tout ce que vous donnerez à usure pour augmenter vos biens aux dépens des biens d'autrui ne les accroît pas auprès d'Allah. Mais ce que vous donnez comme Zakat, tout en cherchant la Satisfaction d'Allah, ceux-là verront (leurs récompenses) multipliées.

Au sujet de l'usure

(www.islam-qa.com ; question n° 22339)

Selon le Cheikh al-Islam Ibn Taymiyya, « la croyance au caractère obligatoire des prescriptions évidentes et concordantes et à l'interdiction des choses proscrites de manière claire et concordante fait partie des piliers de la foi et des fondements de la religion. Celui qui la nie est unanimement considéré comme un infidèle » (Madjmou al-fatwa, 12/497).

Cette position est renforcée par celle du Cheikh Ibn Outhaymine : « Le statut de l'usure est qu'elle est interdite selon le Coran, la Sunna et le consensus des musulmans. Sa pratique est classée parmi les péchés majeurs ».

Aucune dérogation n'est possible que l'opération soit un prêt ou un emprunt, que la somme soit affectée à une consommation ou à un investissement, ou que les parties contractantes soient une banque commerciale, le gouvernement, une entreprise ou un individu. De même, aucune exception n'est faite que ce revenu fasse l'objet d'une clause dans le contrat de prêt ou provienne du fait d'un prolongement du délai de remboursement [2], qu'il soit un pourcentage fixe ou variable du montant principal, une somme payée à l'avance ou reçue sous forme de cadeau, de prix ou de service.

De surcroît, que l'on soit musulman ou non, la loi coranique prohibe le fait de percevoir des revenus engendrés par une transaction et le versement d'intérêts par l'emprunteur. Ainsi, la prohibition du ribâ a un caractère universel. Ceci est en complète harmonie avec le fait que l'Islam est une religion qui prêche pour l'unité de l'humanité et l'égalité entre tous les hommes indépendamment de leur sexe, de leur nationalité, de leur foi ou de la couleur de leur peau.

Comme pour la grande majorité des préceptes de l'Islam, il y a, pour cet interdit des explications historiques. L'économie de la péninsule arabe du VIIe siècle reposait, en effet, sur des « cités-États » marchandes vivant dans un environnement hostile. Du fait de leur isolement, elles souffraient, le plus souvent, d'un manque de liquidités qui favorisait l'usure et la thésaurisation. Les préceptes islamiques visèrent à refréner ces phénomènes sociaux indésirables. Car si les taux d'intérêt appliqués aux négociants se déplaçant de ville en ville étaient trop élevés, cela décourageait le commerce et augmentait considérablement le coût des marchandises. L'Islam a dû créer l'obligation morale de n'utiliser l'argent qu'à des fins de production, pour soi et pour le bien de la communauté, en investissant dans des entreprises rentables (au sens d'un apport concret positif et indiscutable à la communauté et ne dépendant donc pas uniquement du jugement porté par le marché des capitaux pour assurer l'allocation des ressources).

Parmi les formes les plus courantes de ribâ interdites par le Coran ou la Sunna, nous trouvons le « ribâ al-nasî'a », somme payée pour l'usage de capitaux empruntés ou, en contrepartie, d'un rééchelonnement dans le paiement d'une dette, et le « ribâ al-fadl », qui naît de l'achat et de la vente de marchandises avec surplus monétaire.

---

2. Les obligations entrent également dans le champ de la ribâ.

La quasi-totalité des jurisconsultes des quatre écoles juridiques[3] affirment que cette dernière forme est interdite, malgré le silence du Coran à son égard, au motif qu'échanger 1 kg de blé avec 1,5 kg au même moment est, du point de vue économique, irrationnel. Ne pas la condamner pourrait inciter les individus à l'utiliser comme un subterfuge du « ribâ al-nasî'a ».

PROHIBITION DE LA THÉSAURISATION ET STATUT DE LA MONNAIE

Quant à la prohibition de la thésaurisation[4], celle-ci s'appuie notamment sur les fonctions économiques de la monnaie. Si la monnaie est une marchandise qui se vend et s'achète dans un espace (la banque), sa valeur va fluctuer au gré de l'offre et de la demande. Ces évolutions vont conduire les individus à vouloir thésauriser ce médium pour le louer en vue d'un profit[5] futur. Or, il n'est pas naturel à l'Homme « d'amasser de l'argent (thésauriser) ou de s'enrichir par l'intermédiaire du prêt à intérêt ». En d'autres termes, si la circulation de la monnaie ne traduit pas une activité économique réelle, il serait immoral qu'elle rapporte quelque prime que ce soit. La marge bancaire n'est, de ce fait, considérée comme licite par la Chari'a que si elle est générée par la vente, la participation, la location et la fabrication.

Ainsi, tandis que ses rôles d'étalon de valeur et d'instrument d'échange sont reconnus, celui de réserve de valeur n'est pas admis. La monnaie n'est qu'un simple moyen d'échange sans aucune valeur propre[6]. Notons, qu'au plan juridique, la détention de monnaie est

---

3. Les Malikites, les Hanbalites, les Chafi'ites et les Hanafites. Ces courants juridiques se distinguent par une interprétation distincte des textes selon le lieu et l'époque où ils se sont développés.

4. Sourate IX, verset 34 : « O croyants, un grand nombre de docteurs et de moines dépouillent sans scrupule leurs semblables de leurs richesses et les détournent de la voie de D.ieu. Annonce un châtiment exemplaire à ceux qui thésaurisent l'or et l'argent au lieu de les affecter à la cause de D.ieu ». La thésaurisation dont il est question dans ce verset a trait, disent les commentateurs, les juristes et les traditionnalistes, aux biens non purifiés par un prélèvement légal, selon les normes établies, la Zakat.

5. Certains économistes et juristes musulmans considèrent comme équivalentes les notions de « profit », « gain » et « intérêt ».

6. La monnaie n'est pas un bien productif. Il n'a donc pas de prix et aucun intérêt ne doit lui être appliqué au sens d'une augmentation non justifiée des montants prêtés.

assimilée à une possession de droits de propriété. Le prêt équivaut donc à un transfert de ces droits qui ne peut plus être exigé en retour. La pratique du prêt à intérêt correspond, dès lors, à une création nouvelle de droits de propriété, injustifiable aux yeux de l'Islam car le prêteur, en cédant ces droits de propriété, ne partage pas les risques avec l'emprunteur.

La monnaie ne remplissant qu'imparfaitement sa fonction d'intermédiaire dans les échanges, il convient d'instaurer un prélèvement légal, répondant à des normes établies, au profit des pauvres et du Trésor Public. C'est la « zakat ».

Ainsi, pour l'Islam moderne, la richesse est un bienfait, un don éphémère de Dieu, si elle est d'une part acquise par l'effort, le travail ou le mérite et d'autre part, dépensée dans des conditions spirituellement légitimes c'est-à-dire purifiée (faire la part aux pauvres via la Zakat).

LE PRÉLEVEMENT OBLIGATOIRE D'UNE AUMONE (ZAKAT)

La zakat est une contribution perçue à l'origine sur la monnaie, quelle qu'en soit sa nature (or, argent et, aujourd'hui, billets de banque et monnaie scripturale), sur les produits ayant une valeur marchande, sur les matières premières, sur les trésors trouvés enfouis dans le sol, sur les revenus professionnels et immobiliers, sur les bovins et sur certains produits agricoles. Elle ne concerne pas les propriétés personnelles (maisons, meubles, bijoux etc.).

Le taux d'imposition varie selon la nature du bien imposable. Un seuil d'imposition est établi par la Chari'a pour chaque produit. A titre d'exemple, à partir de 84 grammes d'or et 150 grammes d'argent ou l'équivalent en billets de banque, un taux d'imposition de 2,5 % s'applique à condition que l'individu les détienne, au minimum, un an.

LES BILLETS DE BANQUE À TRAVERS L'HISTOIRE

(Selon Patel Mouhammad ; www.muslimfr.com)

Les billets n'ont pas un statut unique dans la jurisprudence islamique.

Les premiers savants considéraient que les billets de banque étaient des documents officiels, utilisés dans le domaine financier (« wathâïq mâliyyah »), permettant d'attester que le porteur de tels billets était redevable d'une certaine quantité d'or auprès de l'organisme qu'il les avait émis. Les billets de banque ne seraient donc pas, selon cet avis, de la monnaie (« thaman ») et n'auraient même pas la valeur de bien matériel (« mâl »). Ils ne seraient que des attestations de dettes (« sanadât ous dayn »), émises par la banque, correspondant à un certain montant d'or ou d'argent. Les règles applicables aux échanges de billets de banque seraient, de ce fait, identiques à celles relevant du transfert de dettes (« hawâlah »).

Mais l'adoption de cet avis soulève un certain nombre de problèmes.

Tout d'abord, l'échange d'or et d'argent (« sarf ») est régulé par des règles bien précises parmi lesquelles il est stipulé que le transfert doit s'effectuer « de main en main » (« yadan bi yadin »). Toute forme de crédit, à ce niveau, est donc prohibée, ce qui rend impossible l'échange de billets.

Ensuite, dans le cadre de la Zakat, les billets n'ayant pas de valeur propre, celle-ci ne sera réellement acquittée qu'à partir du moment où le pauvre qui a reçu les billets, les aura utilisés pour acquérir un bien matériel ou aura obtenu leur équivalent en or (argent). Or, en cas de perte de billets avant utilisation, la Zakat ne sera pas considérée comme valable.

D'autres experts, au contraire, ont envisagé plus récemment les billets de banque comme des valeurs à part entière, établies par la convention et l'usage (« thaman istilâhi » ou « thaman ourfi »). Les règles relatives à ce support seraient donc différentes du précédent avis (transfert de dettes).

Enfin, dans une étude présentée lors de la 5e session de l'Académie Islamique du Fiqh (Koweït 1988), le Pakistanais Moufti Taqi Ousmâni a reconnu que si, durant une certaine période, le premier avis était valide et justifié, il n'en reste pas moins que certaines évolutions économiques, notamment l'interdiction d'obtenir la conversion des billets en or auprès de la banque centrale des pays émetteurs, ont fait que le second ait été privilégié. On reconnaissait alors aux billets de banque un statut spécifique : les règles applicables aux billets de banque, au sens d'instrument légal de paiement, seraient quasiment identiques à celles appliquées aux pièces de monnaie courantes (« fouloûs nâfiqah »). La zakat pourra être ainsi acquittée normalement par leur intermédiaire, exactement comme si un individu avait donné un bien matériel ou un métal précieux (or, argent…).

Le paiement de la zakat est l'un des cinq commandements religieux auxquels les musulmans doivent se soumettre :

« La bonté pieuse ne consiste pas à tourner vos visages vers le Levant ou le Couchant. Mais la bonté pieuse est de croire en Allah, au Jour Dernier, aux anges, au Livre et aux prophètes, de donner de son bien, quelqu'amour qu'on en ait, aux proches, aux orphelins, aux nécessiteux, aux voyageurs indigents et à ceux qui demandent l'aide et pour délier les jougs, d'accomplir la Salât et d'acquitter la Zakât. Et ceux qui remplissent leurs engagements lorsqu'ils se sont engagés, ceux qui sont endurants dans la misère, la maladie et quand les combats font rage, les voilà les véridiques et les voilà les vrais pieux ! »

Sourate El Baqara – Chapitre 2, verset 177.

Les particuliers peuvent la verser directement à un bénéficiaire privé ou à des institutions spécialisées dans la redistribution de ces fonds, telle que la plupart des banques islamiques. Certains pays, comme le Pakistan et le Soudan, légifèrent officiellement sur cette aumône.

Outre qu'elle est un « impôt », la Zakat est surtout une pratique religieuse sans laquelle le musulman s'il ne l'accomplit pas doit être puni ici (la vie) et surtout dans l'au-delà. Cette obligation est une sorte de justice intérieure obligatoire qui solidarise les musulmans entre eux et un signe du « Tout Puissant » aux croyants indiquant que toute richesse appartient à Dieu seul, ce qui diffère de la notion de l'impôt de nos jours où l'assujetti a un sentiment d'injustice entretenu par l'État.

Bien que l'ensemble des croyants ne suive pas cette pratique, les banques islamiques ont donné à cette jurisprudence la plus grande importance, ce qui a conduit, de manière générale, ces établissements à insérer, dans leur organigramme, tout un service prenant en charge la collecte du Zakat et sa répartition.

Interdiction du risque de perte (al-gharar) et condamnation de la spéculation (al-maysir)

Le principe du rejet du prêt à intérêt est une caractéristique fondamentale du système financier islamique. Notons que dans la pensée occidentale, il existe traditionnellement une distinction entre « prêt usuraire » et « prêt à intérêt », le premier concept étant un prêt à intérêt très élevé. Dans la pensée musulmane, il n'existe aucune distinction entre ces deux termes, ceux-ci recouvrant la même pratique. De ce fait, un ensemble de règles économiques a été défini pour se substituer aux pratiques basées sur l'usage du taux d'intérêt. En ce sens, la finance islamique constitue, en elle-même, un défi aux lois de la banque conventionnelle.

À la place du taux d'intérêt, la pratique bancaire islamique a institué le principe du partage des profits et des pertes (« al-ghunm bi al-ghurm » − « Profit and Loss Sharing System » − PLS System) c'est-à-dire que le prêteur doit participer avec l'emprunteur tant aux bénéfices qu'aux pertes d'un projet (actif tangible). En effet, la doctrine islamique insiste sur l'« esprit communautaire », sur la coopération plus que sur l'individualisme. Cette solidarité constitue la base de la tribu et du clan en tant qu'organisations sociales. Dans la culture islamique, l'homme a besoin d'appartenir à un groupe. L'individu n'existe que par et pour le groupe à qui il appartient.

L'établissement bancaire n'est pas, alors, un simple pourvoyeur de fonds intéressé uniquement par les sûretés offertes par les emprunteurs mais un véritable partenaire de l'entrepreneur-emprunteur. Toutefois, afin d'assurer sa pérennité et de répartir son risque, la banque multipliera le nombre de ses clients. Ainsi, au-delà des implications religieuses, cette approche entraîne une relation conceptuelle différente dans les activités de la finance et de l'économie. Le lien créancier-débiteur est remplacé par le risque équitablement partagé entre l'apporteur du capital et l'entrepreneur.

A la prohibition de l'intérêt s'ajoute également le refus de toute spéculation purement financière selon le principe « qu'on ne peut vendre ce qu'on ne possède pas [7]». Ainsi, les contrats ne doivent pas contenir d'éléments d'incertitude ou de spéculation. Par conséquent, les opérations de couverture par swaps, futures ou autres opérations similaires sont assimilées à des jeux de hasard prohibés. La possibilité de se couvrir contre certains risques au moyen d'assurances traditionnelles est également refusée en raison de cet élément d'incertitude. Pour répondre à ces contraintes tant dans le domaine du hedging que des assurances, des montages alternatifs ont cependant été développés. Par exemple, un système d'assurance mutualiste (Takafoul) fondé sur le don, avec des conditions de placement de fonds strictement encadrées, a été créé par les banques islamiques.

Le principe général qui guide l'activité financière est celui de la fructification de dons reçus pour le bien commun. Dans cette perspective, pour l'Islam, comme pour Calvin, l'argent est un des moyens de servir son prochain. Mais privé de ce lien altruiste et non assujetti à sa source divine, il peut devenir une tyrannie. L'argent doit, au contraire, être prêté aux nécessiteux au risque de ne pas être remboursé.

Dès lors, dans une société islamique où l'on condamne fermement la pratique de l'intérêt sous toutes ses formes, la vocation première de la banque est de développer l'esprit d'initiative et de soutenir les pauvres, les nécessiteux et tous ceux qui ne peuvent fournir des garanties pour accéder au marché du crédit. Jugé immoral, l'intérêt est remplacé par le principe du partage des pertes et des profits qui réhabilite le partenariat et la participation équilibrée et instaure, par-là, une solidarité financière entre le prêteur et l'emprunteur. Dans de telles circonstances, la banque n'apparaît plus comme un simple bailleur de fonds mais devient un acteur socio-économique à part entière.

LA POSITION DES RELIGIONS CATHOLIQUE ET JUIVE SUR LA PRATIQUE DE L'INTÉRÊT

LA POSITION DE L'ÉGLISE CATHOLIQUE

Depuis les textes bibliques, il existe une longue tradition chrétienne de condamnation de l'usure, notamment sous la forme d'intérêts rémunératoires relatifs à un prêt. Les sources scripturaires sont nombreuses : « *Ne lui donne point ton argent à intérêt, ni tes aliments pour en tirer profit* » (Lévitique,

---

7. Les investisseurs musulmans ne peuvent pas ainsi procéder à des ventes à découvert. Ce point empêche, en particulier, la création de hedge funds spécialisés sur les actions (long short equity, par exemple).

25 : 37), « *Qui ne prête pas à usure et n'accepte pas de surcroît, qui écarte sa main de l'iniquité et exerce une justice loyale entre les hommes* » (Ezéchiel, 18 : 8) [8].

Toutefois, avec le développement de l'économie monétaire à partir du Moyen-Âge (apparition de la lettre de change, intensification des relations commerciales internationales…), l'Église catholique durcit sa position : le prêt à intérêt et l'usure deviennent un péché capital. Les décrets du Pape et les conciles multiplieront les condamnations. Dans les pays fortement catholiques, la doctrine de l'Église à l'égard du crédit handicape l'esprit d'entreprise. Dès lors, les théologiens interviennent sur cette question. Ils condamnent l'« usura », entendue comme le « prix de l'usage » d'une somme d'argent (le vocable « usure » ne doit pas être entendue au sens actuel, du taux abusif, mais au sens d'« intérêt » de la pensée aristotélicienne). Ces docteurs de la Loi fondent leur argumentation sur la distinction entre les biens non fongibles (ou durables) et les biens fongibles (ou consommables), à partir d'une utilisation sélective du droit romain des contrats, transmis aussi par la tradition du droit canon.

L'usage des biens non fongibles, comme par exemple une maison ou une terre, peut être dissocié de la propriété. Dans ce cadre, des contrats de prêt gratuit (« commodatum » = commodat) ou onéreux (« locatio » = location) peuvent être créés. Dans le cas de biens fongibles, comme par exemple le blé ou le vin, l'usage de la chose et sa propriété ne peuvent être scindés. De ce fait, le seul contrat acceptable est le prêt gratuit par lequel la propriété du bien est transférée à l'utilisateur (« mutuum »). Le rapprochement avec un contrat de vente est alors possible.

Considérée comme un métal improductif et non comme une marchandise, la monnaie va être assimilée aux biens fongibles car elle existe pour être consommée, certes pas au même sens que le blé ou le vin, mais au sens de dépense dans l'échange quelle que soit la finalité (consommation ou investissement). Les théologiens, Thomas d'Aquin [9] en particulier, insistent sur

---

8.   Les citations sont extraites de « La Bible », Editions Sinaï, Tel Aviv, 1994.

9.   Sur cette question, cf. « La Somme théologique », en particulier les questions n° 62 : « De la restitution » et 78 : « Du péché d'usure ».

le fait que la perception par le prêteur d'argent d'un intérêt est absolument contraire à la justice au motif que l'on ne peut exiger « deux compensations » : la restitution d'une même quantité d'argent et le prix de son usage (usure). Autrement dit, l'interdiction du prêt à intérêt se justifie par le fait que l'argent est rangé parmi les biens consomptibles : il ne sert pas à produire des richesses mais à les échanger. « Recevoir un intérêt, c'est vendre ce qui n'existe pas. L'argent ne fait pas de petits. Il est de nature stérile » (« Nummus non facit nummos »).

Cependant, les casuistes et la majorité des « canonistes » vont établir des listes de « titres extrinsèques » qui seront rattachés au contrat de prêt d'argent sans toutefois en faire partie. Sans admettre l'usure, ces dispositions permettent au créancier la perception éventuelle, en toute justice, d'un surplus monétaire au-delà du remboursement de la somme prêtée. Historiquement, les trois premiers ont été :

- la « poena » : pénalité que l'emprunteur devra acquitter s'il ne rembourse pas son prêt à la date prévue. Elle est fixée ex ante au moment de l'établissement du contrat de prêt (« poena conventionalis ») ;

- le « damnum emergens » (perte arrivant). Si le prêt n'est pas remboursé à la date prévue, le créancier subit un dommage, comme par exemple engager des frais de justice pour se faire rembourser ou emprunter lui-même ;

- le « lucrum cessans » (gain cessant). Le prêteur aurait droit à un revenu équivalent à celui d'un autre emploi de son argent (notion de « coût d'opportunité »). La validité de ce titre est la plus discutée dans la littérature scolastique car il conduit à reconnaître que la monnaie peut être source de profit. Le gain futur étant aléatoire, cette indemnité pour manque à gagner ne peut être fixée à l'avance mais a posteriori. Toutefois, si l'on fait entrer ce « titre » de manière ex ante dans le contrat, le prêt à intérêt devient alors licite.

L'Église catholique ayant banni le prêt à intérêt chez les Chrétiens, ce sont les individus de confession israélite qui en font leur métier dorénavant, en particulier pour financer les guerres des souverains chrétiens. Toutefois, sous l'impulsion de

Calvin (XVIe siècle), l'autorisation de la pratique de l'intérêt fut donnée aux protestants, et par la suite se répandit à l'ensemble de la communauté chrétienne, sous la réserve qu'il fallait respecter une limite morale : ne pas appliquer un taux d'intérêt prohibitif à la transaction afin de ne pas abuser de la faiblesse de son partenaire.

LA POSITION DE LA TRADITION JUIVE

La tradition juive, quant à elle, insiste sur l'importance de l'énergie matérielle et, par conséquent, sur la conception de la fertilité des richesses.

L'interdiction du prêt à intérêt dans l'Ancien Testament ne procède pas d'une conception défavorable à l'égard de l'argent et des biens matériels en général, qui sont, au contraire, des dons de Dieu. Le prêt se pratiquera, en premier lieu, sans intérêt à la faveur de ses proches en situation de détresse financière : « Tu ne prêteras pas à intérêt à ton frère, intérêt d'argent ou intérêt de nourriture, de toute chose qui se prête à intérêt » (Deutéronome, 23-19). Il n'a pour finalité que de venir en aide à un voisin frappé par la malchance. Vouloir lui réclamer, à cette occasion, un intérêt qui serait nécessairement prélevé sur un revenu déjà insuffisant pour subsister, ne peut que l'engager dans l'insolvabilité et la misère. Le créancier doit prendre alors son débiteur à son service et lui accorder le même statut qu'à l'Étranger en résidence : « Si ton frère vient à déchoir, si tu vois chanceler sa fortune, soutiens-le, fût-il étranger et nouveau venu, et qu'il vive avec toi » (Lévitique, 25 : 35). On ne doit jamais profiter de la misère d'un frère pour l'exploiter et s'enrichir à ses dépens. Quel que soit l'objet du prêt (argent, nourriture et autre bien), toute action doit être faite gratuitement.

Toutefois, le verset (23-20) apporte une restriction importante : « Tu pourras tirer un intérêt de l'étranger mais tu n'en tireras point de ton frère afin que l'Éternel, ton Dieu, te bénisse dans tout ce que tu entreprendras dans le pays dont tu vas entrer en possession ». En fait, l'intérêt ne se pratique qu'envers l'Étranger car le prêteur n'a pas, envers lui, les mêmes obligations de solidarité qu'envers des concitoyens.

Ainsi, le prêt ne peut être admis que comme un élément de solidarité face aux risques individuels et ne doit pas donner lieu à un paiement d'un intérêt. L'argent ne doit pas être utilisé à l'exploitation des plus démunis mais plutôt à le partager avec les nécessiteux.

LE SYSTÈME FINANCIER ISLAMIQUE

La prohibition de l'intérêt en Islam et l'aspiration des musulmans à transformer cette interdiction en une réalité ont conduit à la création d'un certain nombre d'institutions islamiques à travers le monde. Celles-ci comprennent les banques islamiques commerciales et d'investissement, les sociétés de takafoul (assurance mutuelle), les sociétés de crédit-bail (leasing) et de moudaraba...

Personne ne conteste le comportement des épargnants musulmans à vouloir investir leur épargne de manière compatible avec la Chari'a. Plusieurs théoriciens ont relevé ce défi en proposant, depuis près de trente-cinq ans, un cadre d'activité, des moyens de financement, etc. Mais comme tout autre système bancaire, le schéma islamique est soumis à une évaluation et à une révision constantes, dues à l'évolution du système lui-même.

CRÉATION ET DÉVELOPPEMENT

L'éthique particulière de l'Islam a longtemps entraîné, dans de nombreuses régions du monde musulman, en particulier celle du Proche-Orient, une forte résistance au développement des outils monétaires modernes. L'idée selon laquelle les banques étaient des institutions étrangères servant les intérêts des « infidèles » était présente dans l'esprit de nombreux musulmans, ce qui avait pour conséquence que seuls, les Arabes les plus occidentalisés, avaient recours aux services bancaires de ce type.

Le mouvement en faveur de la création d'institutions financières islamiques s'est développé dans les années 1960. La première tentative de banque islamique fut celle initiée par Ahmed Al Naggar. Adaptant le modèle allemand à l'environnement rural d'un pays en développement, l'Égypte, il créa, en 1963, les caisses d'épargne du Mit-Ghamr (Delta du Nil).

Cette expérience a connu un succès retentissant au sein de la population jusqu'à attirer, après cinq ans d'existence, près d'un million de clients de différentes couches sociales (commerçants, agriculteurs, professions libérales). Outre le financement de petites entreprises agricoles, commerciales ou industrielles, cette banque leur apportait également conseils en matière sociale et administrative. Cet établissement devait enregistrer, malgré tout, d'importants échecs quand il prit le contrôle de la gestion d'entreprises du textile, de l'imprimerie et des matériaux de construction en raison d'un manque avéré de cadres compétents dans ces domaines. Sa mise sous tutelle par la Banque centrale et la crainte de la classe politique laïque de voir se propager ce type d'établissement ont précipité sa cessation d'activité. Cependant, devant le succès de cette première tentative, les autorités égyptiennes ont émis, le 27 septembre 1971, un décret autorisant la création de la deuxième banque islamique : la Nasser Social Bank.

La finance islamique modernisée prit forme, au cours de la décade suivante, à la croisée de la montée du panislamisme, de l'accroissement des flux financiers vers les pays du Moyen-Orient (lié à la forte hausse du prix du pétrole) et de la grande sensibilité des emprunteurs à l'argument religieux. C'est l'époque où les États de cette région adoptèrent des politiques économiques libérales – Intifah – (Égypte à partir de 1973, Soudan à partir de 1977) et où, en 1974 à Lahore, l'Organisation de la Conférence Islamique (OCI), regroupant les pays musulmans, prit une résolution redonnant une importance stratégique à la zakat, appela à la création d'un secteur bancaire islamique et recommanda la création d'une Banque Islamique de Développement (BID) qui devait poser les jalons d'un système d'entraide fondé sur les principes islamiques.

Il incombait alors aux juristes musulmans d'adapter une tradition pré-capitaliste aux besoins de la société contemporaine. Car si la religion se montrait favorable au commerce (profession exercée par le prophète Mahomet), elle condamnait les gains générés par la « finance pure ». En effet, le Coran déclare, par exemple, que malgré leurs apparentes similitudes, les profits générés par le commerce sont fondamentalement différents de ceux engendrés par les prêts[10].

---

10. « Ceux qui avalent le produit de l'usure se lèveront au jour de la résurrection comme celui que Satan a souillé de son contact. Et cela parce qu'ils disent : l'usure est la même chose que la vente. D.ieu a permis la vente, il a interdit l'usure. Celui à qui parviendra cet avertissement du Seigneur et qui mettra un terme à cette iniquité obtiendra le pardon du passé ; son affaire ne regardera plus que D.ieu. Ceux qui retourneront à l'usure seront livrés au feu où ils demeureront éternellement ». (Sourate « La Génisse », verset 276).

Durant ces deux décennies, ce fut l'initiative privée et individuelle qui permit, dans une grande majorité de pays, le développement de la finance islamique parallèlement aux banques traditionnelles. La Dubaï Islamic Bank fut, en 1975, la première banque privée à voir le jour. Cette création fut suivie, en 1977, de celle de la Kuwait Finance House et de la Faysal Islamic Bank (Égypte et Soudan). Parmi les sociétés d'investissement, il y a lieu de citer la création de la Islamic Investment Company (Nassau – Bahamas, 1977) et celle de Dar Al Maal Al Islami, holding créée, à Genève, en 1981, par une association d'investisseurs qui est rapidement devenue un puissant groupe financier installé dans plusieurs pays.

En 1979, année de la révolution islamique, le Pakistan devient le premier pays à décréter l'islamisation du secteur bancaire, suivi en 1983 par le Soudan et l'Iran. Néanmoins, le processus graduel d'islamisation a été mené selon des modalités très différentes suivant les pays. La plupart des gouvernements ont joué un rôle modeste voire passif tandis que d'autres voies ont été cependant plus radicales. Le Pakistan et l'Iran choisirent une approche plus interventionniste visant à éliminer la notion d'intérêt de leurs économies tandis qu'au Soudan, où un système mixte existait depuis longtemps, le gouvernement entreprit une politique d'« islamisation » de la vie économique et sociale et, en particulier, celle du système bancaire.

Le marché

Taille du marché

Les principes de la finance islamique étant adaptés, dans une large mesure, aux besoins de financement des particuliers (par exemple l'immobilier et la consommation), ce segment a connu un vif engouement, au cours de la dernière décennie, avec une progression mondiale de l'ordre de 15 % par an alors que les banques classiques connaissaient une croissance de l'ordre de 2 à 3 %.

Le volume des actifs gérés, à fin 2005, était estimé, par Standard & Poor's [11], à 400 milliards USD (contre 150 milliards USD en 1995) dont 300 milliards dans les pays du Golfe persique, 60 milliards en Asie, 5 milliards en Europe et autant aux États-Unis. Selon l'agence de notation, ce marché offre un potentiel de 4 200 milliards USD.

---

11. « Islamic Finance Outlook », publié en 2006.

Marché de la finance islamique
(milliards de dollars US)

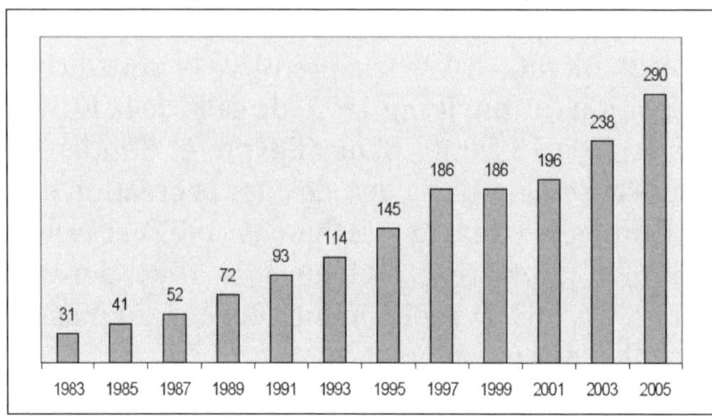

Sources : Rapport moral sur l'argent dans le monde (2005) ;
Association d'Économie financière ; Vernimmen.net.

La part des produits islamiques dans le système bancaire des pays du Conseil de Coopération du Golfe (CCG) représente 17 % des actifs totaux, eux-mêmes comptant uniquement pour 28 % des actifs financiers islamiques dans le monde.

Selon le Fonds Monétaire International (FMI), plus de 300 institutions financières islamiques étaient présentes, à fin 2005, dans plus de 75 pays. La Dubaï Islamic Bank, la Dar Al-Mal Al-Islami Trust ainsi que les groupes Al-Rajhi et Al-Baraka, les quatre banques les plus importantes, en contrôlent un grand nombre, la plupart des autres établissements ayant été établis en partenariat avec des investisseurs privés et, dans certains cas, avec une participation financière des gouvernements. Notons que ces dernières années, afin de ne pas perdre une partie de cette manne voire de gagner de nouveaux clients, les banques « conventionnelles » n'ont pas tardé à réagir, et ont pour beaucoup d'entre elles lancé leurs propres filiales islamiques. Dans ce contexte, la création d'une institution telle que l'Association Internationale des Banques Islamiques (AIBI), chargée d'établir des normes et à défendre des intérêts communs, se trouve justifiée.

MARCHÉ DES CAPITAUX

Les marchés financiers, primaire et secondaire, ainsi que monétaire ont un rôle prépondérant dans l'économie islamique car ils vont, en particulier, compenser le nombre restreint d'instruments financiers offerts par les établissements bancaires.

Le marché financier

Marché primaire et marché secondaire

Comme celui des places financières conventionnelles, le marché primaire est le lieu de rencontre des demandes de fonds, émanant d'entreprises émettant des titres nouveaux, et de l'offre de capitaux en provenance des banques.

L'émission d'actions est effectuée via des contrats de moudaraba. Le prospectus de l'opération mentionne notamment la méthode de distribution, la date de début de négociation des titres… Notons que l'Islam proscrit l'émission d'instruments financiers, en particulier les obligations, à un prix différent du pair pendant la période de placement. Pour autant, cette interdiction ne réduit pas les besoins des institutions islamiques en instruments de financement de moyen et long terme. En pratique, une solution a consisté en l'émission d'obligations s'appuyant sur le Qard hassan, ne fournissant aucun revenu, mais auxquelles sont attachés des warrants donnant droit à l'achat d'actions de la firme émettrice, à un prix fixe pendant une période déterminée. Une autre piste exploratoire serait l'allongement de la durée des produits moudaraba.

Concernant le marché secondaire, le négoce de produits financiers est légitime en Islam. Les prix sur ce marché sont librement soumis à la loi de l'offre et de la demande. Mais certaines pratiques qui accompagnent le commerce de titres sont illicites, comme la spéculation.

Enfin, le concept d'efficience des marchés [12] renvoie, en Islam, à l'idée que ceux-ci doivent contribuer de manière optimale à la justice, à l'équité et au bien-être dans la société.

Les indices

Du côté des actions, le premier indice de cotation fut le Socially Aware Muslim Index (SAMI), lancé en novembre 1998. L'année suivante, deux indicateurs ont été lancés pour servir de repères aux investissements des institutions fi nancières islamiques :

- Le Dow Jones Islamic Market Index (DJIM) à Bahreïn constitue, pour certains auteurs [13], le « symbole de l'intégration de la finan-

---

12. Cette notion correspond, dans la finance conventionnelle, à l'intégration de l'information isponible dans l'évolution des cours.

13. Warde, « Paradoxes de la finance islamique », Le monde diplomatique, Septembre 2001.

ce islamique dans l'économie globale ». Il reflète les fluctuations des cours de plus de 2 700 entreprises, majoritairement du Dow Jones, dont les activités sont compatibles avec la Chari'a.

Cet indicateur se trouve décliné en Indice Dow Jones Islamic Titans qui couvre l'ensemble des « marchés actions » mondiaux. Celui-ci est principalement exposé aux secteurs de la technologie (25 %), de la santé (24 %), de l'énergie (22 %), des biens de consommation (9 %), des matériaux (7 %), des industries (6 %), des services (4 %) et des télécommunications (3 %). Au 12 décembre 2006, les cinq premières valeurs de l'indice étaient Exxon Mobil, Microsoft, Procter & Gamble, Johnson & Johnson et BP. Sur un an, au 1er février 2007, l'indice a progressé de près de 13 %.

• Le Global Islamic Index Series (GIIS) du Financial Times Stock Exchange International, répercute l'évolution des titres de plus de 1 000 entreprises, situées notamment dans les pays développés et dont les affaires sont compatibles avec la loi coranique.

Début 2006, le Dow Jones Indexes et le groupe SAM (Sustainable Asset Management) ont lancé le Dow Jones Islamic Sustainability Index, le premier indice à mêler des critères d'investissement conformes aux principes de la religion musulmane et des critères de développement durable, preuve tangible de la convergence des deux approches de gestion financière. Dans les deux cas, il s'agit de sélectionner des entreprises dont l'action est positive pour la société prise dans son ensemble. Certains gérants estiment d'ailleurs que l'évolution des « fonds chari'a » est très corrélée à celle des fonds d'investissement socialement responsables.

Par ailleurs, la demande sans cesse croissante en produits plus sophistiqués a conduit Standard & Poor's à lancer des indices boursiers [14] notamment dans les pays du Golfe (Arabie Saoudite, Bahreïn, Koweït, Oman, Qatar et les Émirats arabes Unis) composés d'actions conformes à la Chari'a et deux autres, plus généraux : le S & P GCC Investable Shariah et le S & P GCC Composite Shariah. L'établissement de ces nouveaux indices va ouvrir la voie à la création de Fonds Commun de Placement, de fonds indiciels et favorisera le développement de produits structurés destinés à améliorer la liquidité du marché.

---

14. Société Générale Asset Management a lancé une série de fonds indiciels, déclarés conformes à la Chari'a par Ratings Intelligence Partners. Ils répliquent les indices de S&P : S&P US Shariah Index, S&P 350 Europe Shariah Index, S&P 500 Japan Index, S&P BRIC Shariah Index et S&P GCC Shariah Index.

Les fonds d'investissement

Le Moyen-Orient présente un fort potentiel pour la gestion de fortune. Selon une étude menée conjointement par Merrill Lynch et Capgemini sur les grandes fortunes au niveau mondial, la création de richesse et l'augmentation du nombre de millionnaires sont particulièrement marquées en Asie-Pacifique (+ 7,3 % en 2005) et au Moyen-Orient (+ 9,8 %) alors qu'une consolidation est perceptible en Europe et en Amérique du Nord. La croissance annuelle de cette riche clientèle, disposant de plus d'un million de dollars hors résidence principale, devrait croître à l'horizon 2010 de 8 % par an au Moyen-Orient, de 6,7 % en Asie-Pacifique contre 3,7 % en Europe. C'est pourquoi le marché des fonds d'investissement islamiques est un des secteurs de la finance islamique qui connaît une très grande croissance. En fait, la profusion de l'offre islamique s'est surtout accélérée depuis 2002-2003 avec la montée des prix du pétrole. Les excédents des soldes commerciaux des balances des paiements couplés aux taux d'épargne et d'investissement plus importants du fait de l'amélioration du niveau de vie, ont vu se développer ce type de produits.

Ceux-ci se répartissent en fonds actions, en fonds immobiliers, en fonds mourabaha, en fonds de produits de base et en fonds de crédit-bail. Actuellement, il y a environ 120 fonds islamiques de capital-investissement (« private equity »), dont l'actionnariat est composé de banques et/ou de structures semi-gouvernementales, pour un encours global, en 2005, de 6,4 milliards USD.

Evolution du nombre de fonds islamiques

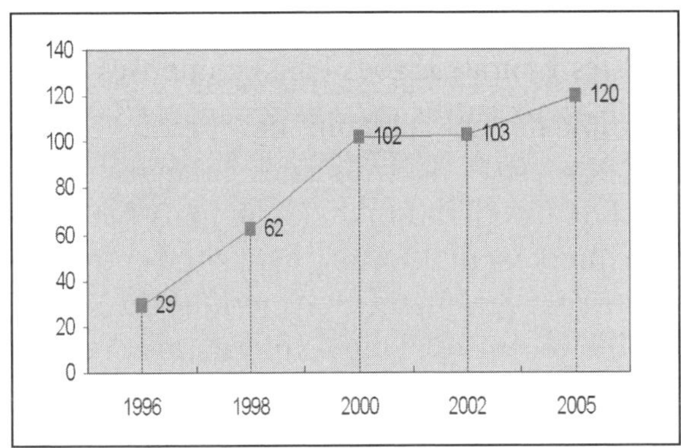

Fonds islamiques investis en actions

(total des actifs en milliards de dollar US)

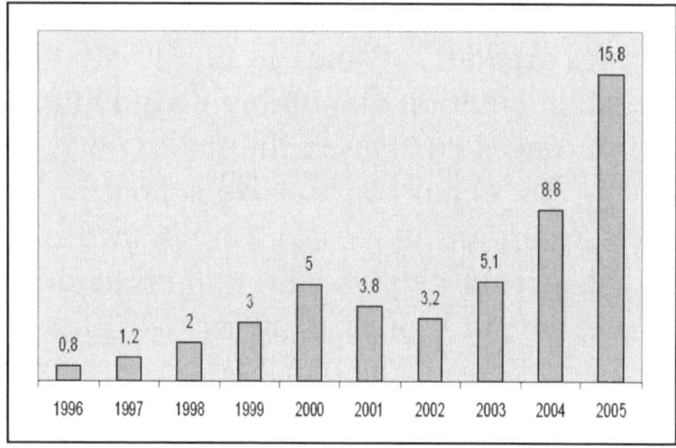

Tant pour les fonds d'investissement que pour les indices, les firmes retenues doivent répondre à certains critères. Outre que l'activité doit être licite, des critères financiers entrent également en ligne de compte :

- l'activité doit être licite ;
- total des Dettes / total de l'Actif < 33 % ;
- actifs exigibles / total de l'Actif < 45 % ;
- somme des produits d'intérêt + autres produits interdits / total des produits < 5 %.

Profitant de l'afflux de liquidités lié aux recettes pétrolières, ces sociétés d'investissement cherchent, voire sont mandatées par leurs actionnaires (grandes familles régnantes et gouvernements), à diversifier leurs investissements. Ainsi, la Dubaï Aerospace Enterprise (DAE), doté d'un capital de 15 milliards USD, a pour objectif de constituer un holding dans l'aéronautique au sens large (y compris infrastructures, services et financements). En 2006, le Millenium Finance Corporation (MFC), filiale de la Dubaï Islamic Bank, a levé 5 milliards USD et lancé une famille de sept véhicules de « private equity » afin de les investir dans des sociétés de croissance situées en priorité dans les pays du Conseil de Coopération du Golfe mais également en Asie et en Afrique avec un objectif de rendement situé entre 20 et 25 %. Mais ces fonds investissent également en Amérique du Nord et en Europe. L'exemple le plus récent est Dubaï International Capital (DIC) qui a acquis la chaîne britannique Travelodge Hotels auprès de Permira pour 675 millions de livres sterling et le groupe Tussauds pour 800 millions. de livres sterling

Toutefois, l'uniformité dans le financement des investissements n'est pas la règle. Investcorp, structure bahreïnite, réalisant des opérations de capital-risque et des acquisitions à effet de levier (leveraged buy-out – LBO) dans des secteurs conformes au canon musulman, fait appel aux mêmes montages utilisés par ses homologues européens et américains, d'où parfois une cohabitation avec les banques conventionnelles (18 banques ont participé au financement de l'acquisition de Travelodge !).

LES TRACKERS

Autre moyen de diversification mais également pour s'assurer à moindre coût le bénéfice de la commercialisation de fonds conformes à la Chari'a, certains gérants ont dû passer via des fonds indiciels cotés : les trackers [15] (« exchange traded fund – ETF »). Dans un contexte particulièrement porteur pour des produits d'investissement islamiques, deux ETF ont été lancés par Deutsche Bank et par BNP Paribas associée à Axa Investment Managers.

- L'Islamic Hedge Fund Tracker, lancé par la Deutsche Bank, est structuré comme un hedge fund conventionnel, dont le retour est basé sur un indice de hedge funds : le HFRX, disponible au jour le jour sur Bloomberg. En pratique, le client investit dans le fonds, lui-même investi dans des biens tangibles ou « commodities ». Cependant, le retour pour l'investisseur n'est pas déterminé par l'appréciation de la valeur de ces biens mais par la performance d'un ensemble de hedge funds.

- L'EasyETF DJ Islamic Market Titans 100, initié par BNP Paribas et Axa Investment Managers dans un environnement particulièrement porteur pour les produits islamiques, est composé d'actions de firmes européennes (25 %), asiatiques (25 %) et américaines (50 %). Libellé en dollars (car destiné à une clientèle internationale), ce fonds est coté à la Bourse de Zurich.

Il est soumis à deux Comités de la Chari'a dont les rôles sont bien répartis :

– la commission du Dow Jones, composé de six membres venant de Malaisie, du Pakistan et de Bahreïn représentant les différents courants en matière de finance islamique, contrôle le « screening négatif » (élimination des éléments non conformes à la loi islamique comme les armements, la biotechnologie appliquée à la génétique...) ;

---

15. En finance islamique, l'analyse comparée n'est pas interdite : le fait que le retour de fonds soit basé sur un index de valeurs est conforme à la loi coranique.

– la BNP Paribas Fund's Sharia Supervisory Committee, constituée de cinq spécialistes venant de Syrie, de Malaisie et de Bahreïn, veille au respect des règles de gestion de cet indice. Elle examine la manière dont BNP Paribas réplique l'indice.

Ce segment de marché est à ses balbutiements mais il a indéniablement un rôle à jouer comme réceptacle de l'épargne populaire. Certains spécialistes envisagent comme source de développement des ETF islamiques des thèmes régionaux ou des secteurs spécifiques.

Bien que ces indices soient aujourd'hui publiés dans le monde entier, ils jouent encore un rôle limité sur les marchés financiers islamiques. En effet, en dépit de bonnes performances, notamment ceux de l'Arabie Saoudite [16], les marchés boursiers n'ont qu'une faible importance dans le financement des économies. Le financement par émission de titres, pour l'ensemble des pays du Golfe persique, reste balbutiant. Plus généralement, le financement par prise de participation reste minoritaire et atteint, tout au plus, 30 % du financement d'un projet. Par ailleurs, l'émission internationale d'obligations émanant d'émetteurs non souverains stricto sensu, est marginale. Elle n'a concerné, pour le moment, que le Qatar (cf. Qatar LNG). De 1998 à 2003, moins de 10 milliards USD d'obligations internationales ont été émises par l'ensemble des pays du Conseil de Coopération du Golfe (CCG). La première émission obligataire internationale privée, effectuée par l'émetteur saoudien SABIC, a eu lieu en 2005.

Cependant, depuis 2000, la finance islamique s'est diversifiée : après avoir été le véhicule de placements pour les particuliers, elle concerne également maintenant certaines émissions souveraines et le financement d'infrastructures [17]. Cette montée en puissance des financements islamiques, malgré tout à des niveaux modestes, a permis une grande implication des banques locales et le développe-

---

16. Portés par la hausse des prix du pétrole mais également par le retour des capitaux musulmans dans les pays du Golfe persique après les événements du 11 septembre 2001, l'essor économique et la croissance boursière du Golfe persique peuvent être illustrés par les performances du marché boursier saoudien : la capitalisation boursière a décuplé et les Price Earnings Ratio (PER) doublés durant la période 2000-2005.

17. En 2004, les financements de Qatargas-2 (gaz qatari) et de la compagnie pétrolière du Bahreïn, Bapco, ont bénéficié de tranches islamiques pour des montants de plusieurs centaines de millions USD. La composante islamique est structurée comme un leasing et les paiements sous forme de loyers remplaçant l'intérêt.

ment de politiques d'attractivité. À cet égard, le Centre Financier du Qatar, qui a ouvert officiellement ses portes en juin 2005, a informé qu'il était prêt à recevoir les demandes de licences des organisations internationales désirant utiliser cette plate-forme de services financiers « à bas prix et à faibles coûts » (Sheikh Mohamed Bin Ahmed Bin Jassim Al-Thani, Ministre de l'Économie qatari).

Le marché monétaire

Malgré quelques amorces dans certains pays, il n'existe pas de marchés monétaires interbancaires islamiques, organisés et liquides, capables d'accueillir les dépôts au jour le jour et d'offrir des capitaux couvrant les besoins de liquidités des établissements. En effet, les dépôts auprès des banques, pour de courtes échéances, sont élevés et prédisposent le système bancaire à détenir d'importantes liquidités. Le recours au marché interbancaire est donc limité par son caractère essentiellement national et les flux régionaux entre banques islamiques demeurent, en conséquence, restreints. Les établissements ont, dès lors, tendance à se tourner vers leurs consœurs conventionnelles occidentales qui ont développé une large gamme de produits de refinancement et de placement conformes à la loi coranique. Ce sous-développement freine l'approfondissement du marché monétaire, empêche la banque centrale d'intervenir au moyen d'instruments indirects et encourage parfois l'instauration d'un contrôle direct du crédit.

Les produits dérivés

Il existe un débat au sein des experts religieux sur la conformité des produits dérivés à la Chari'a dans la mesure où ceux-ci sont perçus comme des instruments spéculatifs. Cependant, les institutions commencent à prendre conscience de la nécessité d'utiliser ce type de produits pour couvrir leurs risques de taux d'intérêt ou de change. En pratique, ce sont les établissements conventionnels qui structurent les « produits dérivés islamiques » pour le compte des banques islamiques.

Description de l'opération

Les dérivés islamiques sont structurés sur le principe de la mourabaha. Les deux parties passent un contrat à terme sur la vente d'un bien à un prix incluant un profit. Un swap de taux d'intérêt fixe/flottant, structuré sur un notionnel monétaire, n'est donc pas conforme à la loi coranique. En conséquence, le swap est structuré sur la base d'un actif (par exemple, les « commodities ») en lieu et place du notionnel monétaire[18]. Ainsi, le contrat de swap de change de 230 millions USD émis par Citigroup, en octobre 2006, pour le Dubaï Investment Group était structuré sur des contrats de métaux.

Au total, les marchés des instruments et des effets publics islamiques restent peu développés et le marché financier international en est à ses préliminaires. Il paraît souhaitable que les acteurs du secteur créent de nouveaux instruments et techniques permettant aux banques de diversifier leurs bilans.

De surcroît, une position commune sur certains instruments contribuerait au développement de la finance islamique et renforcerait sa compétitivité. En effet, si l'arbitrage et la vente à découvert ne sont pas acceptables en vertu de la Chari'a, d'autres transactions sont, en pratique, sujettes à interprétations diverses comme les transactions comportant l'achat et la vente de contrats de dette sur le marché secondaire, qui ne sont autorisées qu'en Malaisie. C'est pourquoi, plusieurs institutions internationales (AAOIFI, le Conseil des services financiers islamiques – IFSB -, le Centre de gestion des liquidités, Agence de notation islamique internationale...) travaillent, en collaboration avec la Banque Islamique de Développement, à la définition de normes conformes à la Chari'a et à leur harmonisation entre les pays.

LE MARCHÉ DE L'ASSURANCE ISLAMIQUE (TAKAFOUL)

Les théoriciens de la Chari'a sont unanimes à dire que le système des assurances est interdit du point de vue religieux. C'est pourquoi cette interdiction a donné lieu à un système de mutuelles solidaires (« Takafoul ») : les souscripteurs mettent en commun des sommes d'argent leur permettant de se prémunir contre les sinistres matériels et immatériels. La « police » correspond au risque couru par l'ensemble des membres. Elle varie en fonction du taux de sinistralité.

Ce compartiment de l'assurance islamique ne représente qu'une infime partie du marché mondial de l'assurance. Il est cependant appelé à se développer plus rapidement que celui de l'assurance tradi-

---

18. La valeur de la commodité n'est pas pertinente car les paiements respectifs des parties suivent un benchmark (par exemple US Libor flottant et taux fixe).

tionnelle dans la mesure où la population dans de nombreux pays du Golfe persique est encore largement sous-équipée. Selon l'assureur américain AIG, le montant des primes d'assurance dans le monde serait multiplié par 5 d'ici 2015 pour atteindre 11 milliards USD.

Déjà, les grandes compagnies se sont positionnées sur ce segment : Allianz a obtenu, en mars 2007, une licence l'autorisant à développer des activités d'assurance-vie Takafoul à Bahreïn. De même, les sociétés de réassurance s'y installent, à l'instar de la firme française Scor [19].

Montant des primes d'assurance des pays du Golfe persique

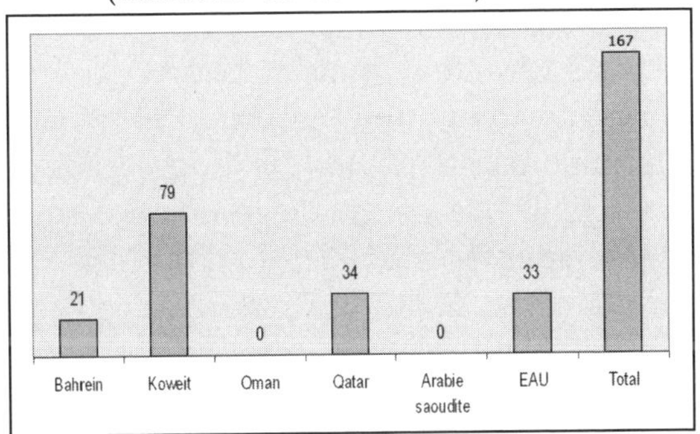

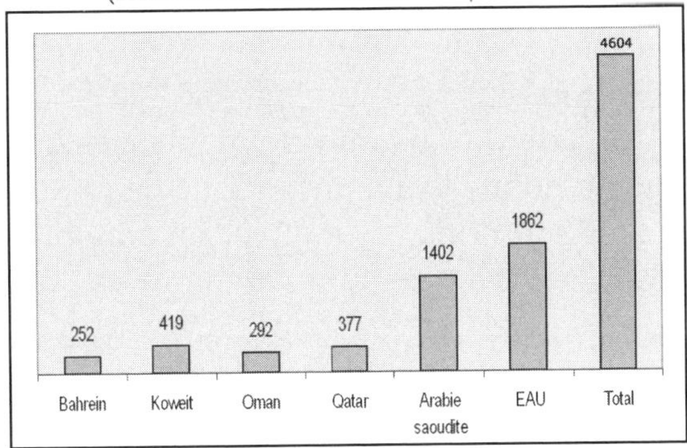

EAU : Émirats Arabes Unis
Source : Standard & Poor's (estimations) ; Swiss Re sigma

---

19. Déjà fortement implanté en Malaisie sur le marché de l'assurance traditionnelle, le groupe a obtenu une licence afin de souscrire des contrats de réassurance non-vie, via sa filiale Scor Asia Pacific.

LE SYSTÈME BANCAIRE ISLAMIQUE

Nous distinguerons les banques islamiques des groupes informels liés à groupes ethniques d'une région donnée (Asie, Moyen-Orient, Afrique) comme, par exemple, le système du « hawala »[20].

ÉVOLUTION DANS LE MONDE MUSULMAN

Aujourd'hui, seuls l'Iran, le Pakistan et le Soudan imposent aux banques de fonctionner exclusivement selon les préceptes du Coran. Partout ailleurs, les deux systèmes bancaires coexistent.

ASIE

- **Au Pakistan**, la Chari'a a été introduite, en 1977, comme loi officielle du pays. Dès lors, est née une volonté d'adapter toutes les institutions du pays, parmi lesquelles les institutions bancaires et financières, aux lois islamiques.

---

20. Le système du « hawala », mis au point dans le sous-continent indien, permet notamment aux travailleurs expatriés de transférer des fonds sans trace de papier ni même de flux correspondants d'argent au niveau transfrontalier. Une première « conférence internationale du hawala » (Abou Dhabi, 2002) a permis de définir les contours du phénomène. Le client remet une somme d'argent à un opérateur, le « hawaladar ». Parallèlement, un hawaladar – correspondant, se trouvant dans une autre ville ou pays, remet la contrepartie au récipiendaire. L'expéditeur, via un e-mail (courriel) ou un courrier, fournit au destinataire les mots de code, signaux de reconnaissance (comme la poignée de main) ainsi que la somme à verser, la date de paiement….
Le système est plus svantageux que celui utilisé par les banques, offre de meilleurs taux de change et ne pratique pas de commissions. Rien que les fonds transférés par les Somaliens, habitants d'un pays où les structures traditionnelles bancaires voire étatiques sont quasi-inexistantes, ont été estimés à près d'un milliard USD par année. Au total, ce système peut être assimilé à une sorte de chambre de compensation informelle de transfert de fonds au sein d'un pays ou d'un pays à l'autre.

Institution	Date du bilan	Actifs islami- ques (m$)	Varia- tion sur l'année précé- dente (%)	Total actif (m$)	Part des actifs islamiques / total actif (%)
Bank Alfalah	31/12/2006	4 525,50	11,02	4 525,50	100
Allied Bank	31/12/2006	4 137,13	30,87	4 137,13	100
Bank Al Habib Lmt	31/03/2007	2 024,02	6,85	2 024,02	100
Faysal Bank Pakistan	31/12/2006	1 895,50	4,71	1 895,50	100
National Investment Trust	30/06/2006	1 248,40	8,64	1 248,40	100
Meezan Bank	31/12/2006	762,31	51,39	762,31	100
Al Faysal Investment Bank	31/12/2000	314,81	-25,62	314,81	100
Al Baraka Islamic Bank	31/12/2005	244,34	22,44	244,34	100

Source : The Banker, novembre 2007.

La Banque centrale du Pakistan a imposé, le 20 juin 1984, une période de transition de deux ans, pendant laquelle tous les établissements financiers devaient adapter l'ensemble de leurs activités aux principes économiques islamiques (partage des pertes et profits – PLS system). D'après certains commentateurs, cette islamisation fut très populaire, ce qui permit au jeune système d'atteindre des taux de croissance qui défiaient le système conventionnel : « entre 1981 et 1985, la part des dépôts basés sur le PLS système a crû d'environ 35 %, les détenteurs de tels dépôts reçurent plus de profits que ceux qui possédaient un compte leur offrant une rémunération basée sur un taux d'intérêt. Le taux de « return » de ces dépôts sur le PLS system fluctuait entre 1,5 et 7 %[21]». Cependant, le manque d'expérience des banques dans ce domaine les incita à se confiner dans des investissements de court terme, à faible risque.

Aujourd'hui, la question centrale des discussions est de savoir si le système, entièrement islamisé, est viable ou s'il est préférable d'adopter une démarche d'ouverture graduelle[22].

• **En Iran,** l'approche adoptée a différé de celle du Pakistan sur deux points. La première concerne l'islamisation officielle du système bancaire : celle-ci a pris place dans un contexte révolutionnaire et théocratique imposant l'application de la loi islamique chiite.

---

21. F. Normani, A. Ramena, « Islamic Economic Systems », Editions Zed Brooks, 1995, page 132.
22. N. Malik, « Is a Riba Free System in Pakistan Viable », 27 février 2001, www.islamq.com.

La seconde, réside dans la manière dont s'est effectué ce passage. Après une courte période de transition, la loi sur le système bancaire sans intérêt, adoptée en 1983, a imposé l'adaptation des banques (en moins d'un an) au nouvel environnement, et la conversion de leurs actifs en trois ans.

Mis à part ces deux principales distinctions, l'islamisation du système bancaire en Iran connut, comme au Pakistan, une première phase de succès puis, une seconde de ralentissement. Parmi les nombreux facteurs explicatifs, nous pouvons notamment citer l'aversion au risque des banques et leur préférence pour le court terme dues à l'incertitude engendrée par l'environnement politique et économique instable du pays (guerre Iran-Irak, sanctions économiques...).

Institution	Date du bilan	Actifs islamiques (m$)	Variation sur l'année précédente (%)	Total actif (m$)	Part des actifs islamiques / total actif (%)
Bank Melli Iran, Teheran	21/03/2005	35 493,32	32,20	35 493,32	100
Bank Saderat Iran, Te-4heran	20/03/2001	34 840,09	25,98	34 840,09	100
Bank Mellat, Teheran	20/03/2006	25 128,62	12,16	25 128,62	100
Bank Tejerat, Teheran	20/03/2005	18 945,83	45,90	18 945,83	100
Bank Sepah, Teheran	20/03/2005	13 913,53	46,58	13 913,53	100
Parisian Bank	20/03/2006	10 483,10	181,97	10 483,10	100
Bank Keshavarzi, Teheran	20/03/2003	5 833,18	38,87	5 833,18	100
Bank Refah	20/03/2005	4 669,80	48,34	4 669,80	100
Eghtesad Novin Bank	20/03/2006	1 591,60	114,64	1 591,60	100

Source : The Banker, novembre 2007.

• **En Asie du Sud-est**, la Malaisie souhaite s'imposer à terme comme un centre international de la finance islamique. Néanmoins, dans cette perspective, elle a commencé relativement tardivement à promouvoir un secteur bancaire distinctif cohabitant avec celui des institutions conventionnelles.

La loi du 7 avril 1983 (« Islamic Banking Act ») autorisait la création des banques islamiques (afin de permettre aux Malais d'épargner en vue de leur pèlerinage à La Mecque) et permettait, également, à la banque centrale de pouvoir réguler et superviser ces banques au même titre que les établissements traditionnels. Une période de dix ans (1983-1993) fut considérée comme une phase d'expérimentation.

La même année a été fondée la première banque islamique, la Bank Islam Malaysia Berhad (BIMB), avec pour mission de s'implanter, en dix ans, dans le paysage bancaire malais et d'y développer son réseau bancaire. Dans la foulée, sont nés la Compagnie d'assurance islamique et le Fonds de gestion au profit des pèlerins du Hajj (Lembaga Urusan Tabung Haji). La réussite de ces expériences fit entrer la Malaisie dans une véritable phase de développement de la finance islamique nationale.

Au bout de cette période (1993), la banque centrale malaise a créé le « Interest-free Banking Scheme » (IBS) permettant aux banques traditionnelles d'ouvrir des « fenêtres islamiques » (« islamic window ») c'est-à-dire de maintenir des agences et des comptes spécifiquement dédiés à la clientèle exigeant des produits et services conformes à la loi coranique. Le secteur fut alors progressivement libéralisé et le gouvernement accorda, en 2004, les premières licences à des banques islamiques étrangères (pays du Golfe essentiellement).

Cette loi a été un véritable accélérateur pour le développement de la finance islamique. Le pays s'est ainsi doté d'une réglementation, d'une infrastructure financière et d'un cadre de supervision qui ont favorisé l'innovation en termes de produits et de professionnalisme. De suiveur, ce pays est devenu un pays moteur du développement du marché de la finance islamique avec, en 2006, un actif total du secteur de près de 30 milliards €, soit 15 % de l'actif bancaire national total.

Institution	Date du bilan	Actifs islamiques (m$)	Variation sur l'année précédente (%)	Total actif (m$)	Part des actifs islamiques / total actif (%)
Amislamic Bank Bd	31/12/2006	22 263,25	8,63	22 263,25	100,00
Bank Rakyat	31/12/2006	7 784,77	14,65	7 784,77	100,00
Maybank	30/06/2006	6 290,68	5,48	53 620,95	11,73
Bimb Holdings	30/06/2006	4 828,51	-4,12	4 828,51	100,00
Bank Muamalat Malaysia Bd	31/12/2006	3 812,61	31,11	3 812,61	100,00
Public Bank Bd	31/12/2006	2 894,47	26,67	38 019,8	7,61
Rhb Islamic Bank Bd	31/03/2007	2 384,25	1,83	2 384,25	100,00
Hong Leong Islamic Bank Bd	31/12/2006	1 821,79	-4,61	1 821,79	100,00
Cagamas Bd	31/12/2006	1 803,73	78,87	1 803,73	100,00
Hsbc Bank (M) Bd	31/12/2006	1 521,54	2,25	11 610,58	13,10

Source : The Banker, novembre 2007.

Mais l'objectif avoué de ce pays est de devenir le « hub » mondial de la finance islamique. Elle a bénéficié, pour cela, d'une interprétation plus souple[23] de la Chari'a (comparée à celle qui prévaut au Moyen-Orient) et a ainsi pu faire preuve d'une plus grande inventivité dans la création d'instruments financiers adaptés et conformes.

En premier lieu, la Bank Negara (banque centrale malaise) a créé, en 1994, pour faire face au problème de liquidité inhérent à ce segment, un véritable marché interbancaire, l'Islamic Interbank Money Market (IIMM), respectant les règles strictes de la finance islamique. Sur ce compartiment, les banques islamiques peuvent aujourd'hui investir dans un autre établissement via le « mudarabah interbank investment », outil financier spécifique prévoyant le partage des profits réalisés.

Ensuite, le gouvernement malais a innové en lançant des contrats de financement de l'État sans rémunération fixe (« Government Investment Issues » – GII -). Leur évolution en contrats de financement de type « bai baithaman ajil », échangeables sur le marché secondaire, a renforcé le marché interbancaire islamique, réduisant ainsi le risque d'illiquidité.

Par ailleurs, la Banque centrale a obtenu, en 1999, le rôle de « prêteur en dernier ressort » pour les banques islamiques, retrouvant, sur le marché islamique, son rôle conventionnel grâce à l'introduction de contrats de financement à court terme (« Bank Negara Negotiables Notes » – BNNN) et, en 2004, grâce aux premiers Bons du Trésor islamiques (« Islamic Treasury Bills »). De cette manière, la Banque centrale peut, de nos jours, réguler le marché.

Toujours dans le cadre de ce volontarisme, ce pays a mis en place des dispositions légales assouplies et de nombreuses incitations pour les opérateurs étrangers, aboutissant à une véritable libéralisation du marché.

Enfin, la Malaisie est en pointe dans la réflexion mêlant technique et religion en matière de finance. Dans cette perspective, un Conseil pour les services financiers islamiques (« Islamic Finance Services

---

23. En dépit de la réprobation de certains milieux musulmans conservateurs, les initiatives du pouvoir politique malaisien continuent de prêcher en faveur d'un islam modéré, favorable à la croissance économique, aux sciences, et ouvert à la diversité (« Islam Hadhari »). Le caractère multiethnique de la société – deux fortes minorités dynamiques, chinoise et indienne, côtoient les malais, essentiellement musulmans – nécessite de veiller à la stabilité du pays, indispensable pour attirer les investisseurs.

Board » – IFSB -), composé de représentants des Pays du Golfe, d'Asie et d'Afrique a été créé en 2002. Sa mission est de définir les règles prudentielles régissant les établissements financiers, à l'instar de la Banque des Règlements Internationaux pour la banque conventionnelle. De surcroît, la Malaisie s'est dotée, en 2006, d'un outil de promotion : le Centre de la finance islamique international. Outre des conseils, en matière fiscale par exemple, celui-ci propose des produits et des services dans des devises internationales dans le monde entier.

Au total, les initiatives menées par le gouvernement peuvent être considérées comme une véritable réussite. En effet, la Malaisie a été au centre de l'engouement des obligations islamiques (sukuks) jusqu'à devenir, aujourd'hui, le leader mondial sur ce produit avec 67 % des sukuks émises[24] . Outre ce succès mondial, 36 % de l'ensemble mondial des fonds islamiques sont cotés à la Bourse de Kuala Lumpur pour un montant de près de 1 milliard €. De plus, l'assurance islamique représente aujourd'hui, en Malaisie, un actif total d'environ 120 milliards €. Enfin, la Banque centrale de Malaisie a créé, en 2006, l'International Center of Education for Islamic Finance (INCEIF) afin de prendre en charge la formation des professionnels en finance islamique. Ainsi, selon le Fonds Monétaire International, ce pays pourrait devenir « le hub international de la finance islamique ».

Au cours des prochaines années, les banques islamiques malaises seront soumises, à partir de 2010, aux règles dites « Bâle II », ce qui leur assurera un meilleur contrôle de leur risque de crédit. La continuation d'un certain volontarisme politique, associé notamment à l'arrivée de nouveaux acteurs, devrait permettre à la Malaisie de conserver une place prépondérante sur ce marché. Cependant de nombreux défis se dessinent. En particulier, ce pays souhaite d'un côté, développer, à l'horizon 2010, la part de la finance islamique à un niveau proche de 20 % de l'actif total des banques malaises et d'un autre côté, renforcer les liens entre finance conventionnelle et islamique, en particulier sur le marché boursier où plus de 80 % des actions sont désormais certifiées conformes à la loi coranique. Enfin, les institutions islamiques devront améliorer leur maîtrise du risque de crédit afin de pouvoir assurer leur compétitivité vis-à-vis des banques conventionnelles, qui demeure, malgré le cloisonnement des deux secteurs, le premier concurrent de la finance islamique malaise.

---

24. Elles représentent 30% de l'ensemble du marché des obligations en Malaisie.

• **L'Indonésie** possède une situation paradoxale au regard de sa population de 230 millions d'habitants, composée à 85 % de musulmans. En outre, la mise en place d'un réseau bancaire est difficile dans la mesure où l'archipel est composé de 17 000 îles et qu'un personnel qualifié est difficile à recruter.

Dix ans après la crise asiatique, l'aversion au risque des établissements conventionnels, qui occupent une place prépondérante dans le système bancaire, limite encore l'accès au crédit dans de nombreux secteurs d'activité et incite de plus en plus de particuliers et d'entreprises à rechercher de nouvelles sources de financement. Dans ce contexte, à fin 2006, trois banques islamiques, 20 succursales bancaires islamiques et 105 banques rurales islamiques, soit un total de 636 agences, réparties sur le territoire, proposaient à 2,4 millions de clients, des solutions de financement conformes à la loi coranique. Ceux-ci représentaient, en 2006, près de 3 % (contre 2,2 % en 2005).

Ce faible degré de pénétration (au regard de son voisin : la Malaisie) s'explique notamment par la mise en place tardive du cadre réglementaire : le texte fondateur, Banking Act n° 7 de 1992 amendé par l'Act n° 10 de 1998, a été complété par l'Act n° 23 en 1999, lui-même amendé par l'Act n° 3 de 2004. Par la suite, la Banque centrale a élaboré un plan d'action qui, à l'horizon 2015, fixe des objectifs précis de développement du secteur islamique bancaire (le total des actifs islamiques dans le total des actifs devra atteindre 15 %).

Institution	Date du bilan	Actifs islamiques (m$)	Variation sur l'année précédente (%)	Total actif (m$)	Part des actifs islamiques / total actif (%)
Pt Bank Shyariah Mandiri	30/11/2006	1 019,96	28,24	1 019,96	100
Pt Bank Muamalat Indonesia	31/12/2006	928,00	11,97	928,00	100
Pt Bank Shyariah Mega Indonesia	31/12/2006	260,77	162,25	260,77	100
Pt Asuransi Syari'a Mubarakah	31/12/2004	14,86	-0,56	14,86	100

Source : The Banker, novembre 2007.

Toutefois, le Conseil Indonésien des Ulémas (MUI) et le Conseil national de la Chari'a (DSN), associés aux Comités de la Chari'a des banques ayant des activités de finance islamique, permettent déjà de s'assurer de la conformité des activités bancaires aux préceptes de la loi coranique. Néanmoins, l'ensemble de ces entités ont montré, à ce jour, un faible dynamisme, voire une capacité d'innovation déficiente, face aux excès de liquidité des établissements islamiques. Seul le recours aux dépôts « wadiah » est offert aux banques pour placer leurs fonds !

Quant au marché financier islamique, bien que faiblement développé, il a enregistré, en 2006, une forte croissance (+56 %) de l'indice boursier Jakarta Islamic Index (JII), en ligne avec l'indice conventionnel (JSX) qui a progressé de 60 %. Par ailleurs, en dépit d'un fort potentiel, le développement du marché des sukuks est freiné par un cadre fiscal contraignant. Seules dix-sept entreprises, dont Indosat (Indonesian Satellit Corp) ou PLN (société d'électricité indonésienne) sont autorisées à émettre ce type de produit.

En définitive, la finance islamique représente actuellement une faible part du système financier national. Encore marginale mais en forte progression, elle ne pénétrera durablement le pays qu'à la condition que le programme de réformes du gouvernement (loi sur les investissements, programme de privatisations, fiscalité...) s'accélère.

• Dernièrement, **Singapour** s'est positionnée sur ce marché en lançant, en 2004, en collaboration avec le FTSE-SGX Asia, le Shariah 100 Index.

Aғʀɪǫᴜᴇ

• La pénétration de banques islamiques s'est effectuée au début des années 1980 avec la création de banques (Massraf Faysal Al Islami) et de sociétés d'investissement dans trois pays d'Afrique de l'Ouest à majorité musulmane : le Sénégal, le Niger et la Guinée.

Aujourd'hui, les établissements en activité sont essentiellement des émanations des groupes les plus importants : Dar Al-Mal Al-Islami Trust et Al-Baraka Group.

• **Au Soudan sunnite,** le succès de l'établissement, en 1977, de la Faysal Islamic Bank, encouragea les autorités à inciter l'installation d'autres banques islamiques. En 1984, l'ensemble du système bancaire a été réputé islamisé mais, en pratique, les banques conventionnelles continuaient à pratiquer le taux d'intérêt. Ce n'est qu'en 1994, que le gouvernement décida de tenter à nouveau une islamisation du système, de manière plus organisée et plus structurée.

Institution	Date du bilan	Actifs islamiques (m$)	Variation sur l'année précédente (%)	Total actif (m$)	Part des actifs islamiques / total actif (%)
Omdurman National Bank	31/12/2005	1 884,38	63,83	1 884,38	100
Bank Of Khartoum	31/12/2005	676,69	53,93	676,69	100
Tadamon Islamic Bank Of Sudan	31/12/2006	407,72	33,10	407,72	100
Faysal Islamic Bank	31/12/2006	356,13	65,03	356,13	100

Source : The Banker, novembre 2007.

• **Concernant le Maghreb,** cette région pourrait devenir l'un des futurs centres de développement de la finance islamique. Des établissements islamiques, de plus en plus nombreux, y opèrent.

• Une seule banque islamique propose actuellement ses services en **Tunisie** : la BEST Bank (Beit Ettamouil Essaoudi Ettounsi Bank). Toutefois, ce pays a adopté, en février 2007, un projet de loi autorisant la création, en collaboration avec la BID, de la première banque islamique pour le développement du commerce interarabe[25], qui sera chargée de financer et de promouvoir le commerce entre les pays arabes et, plus particulièrement entre les pays du Maghreb et du Machrek[26].

• En mars 2007, pour la première fois de son histoire, **le Maroc** a autorisé, à compter du 1er octobre 2007, la commercialisation de produits islamiques (Ijara, Moucharaka et Mourabaha). Ces supports, qui viennent élargir la gamme des services bancaires déjà proposés par les banques de la place, contribueront à une meilleure bancarisation de l'économe. Toutefois, la banque centrale, Bank Al-Maghrib, a insisté sur le fait qu'aucune allusion ne devra être faite au volet religieux de la chose dans le lancement de ces produits par les banques[27]. Pour l'instant, le lancement de ces offres bute encore sur le régime fiscal à adopter : sur quelle base fiscaliser ces produits alors qu'auparavant, le régime fiscal basait son calcul sur le taux d'intérêt ?

---

25. Cf. Article « Islamic Finance Expands Slowly But Surely In The Maghreb » sur www. standardandpoors.com, publié le 23 avril 2007.
26. En arabe, « Maghreb » signifie « Occident » par opposition à « Machrek » qui signifie « Orient » et qui désigne les pays du Moyen-Orient.
27. Rien n'interdit aux banques de changer le packaging dans lequel elles commercialiseront ces produits, à condition que le contenu soit le même que celui validé par Bank Al-Maghrib, à charge pour elles de ne pas faire allusion au côté théologique en baptisant ces produits.

• En **Algérie**, la finance islamique affiche un certain dynamisme comparé à ses voisins. Installée depuis 1991 au travers de la banque Al Baraka d'Algérie, elle s'est redéployée, à partir de 2002, vers d'autres segments de marché (professionnels, particuliers). Longtemps en situation de monopole, la banque Al Baraka attire, du fait de ses performances, d'autres établissements (Banque Al Salam des Émirats arabes unis, Koweït Finance House). Toutefois, bien que le gouvernement ait autorisé la commercialisation de produits islamiques, il refuse d'accorder des faveurs aux banques islamiques en termes de conditions spécifiques d'exercice [28].

En fait, l'essor de la finance islamique dans cette partie du globe s'explique notamment par les mutations que subit actuellement le secteur bancaire nord-africain (privatisations). Dans cet environnement, les banques islamiques, très performantes sur le segment de la banque de détail, veulent jouer un rôle dans le nouveau paysage bancaire (en ce qui concerne la banque de financement et d'investissement, elles sollicitent toujours l'expertise de leurs consœurs étrangères). Toutefois, il ne semble pas que la finance islamique puisse, à court terme, se développer comme technique de financement dominante, d'autant que les établissements financiers ont pleinement conscience que le critère déterminant, au-delà des règles de conformité à la Chari'a, restera la rentabilité économique.

Institution	Date du bilan	Actifs islamiques (m$)	Variation sur l'année précédente (%)	Total actif (m$)	Part des actifs islamiques / total actif (%)
Banque Al Baraka (Algérie)	31/12/2005	564,10	7,09	564,10	100
B.e.s.t. Retakaful (Tunisie)	31/12/2005	279,88	43,59	279,88	100

Source : The Banker, novembre 2007.

Notons, pour comparaison, qu'au 31 décembre 2005, le « Total Actif » du Crédit Populaire d'Algérie et de la Société Tunisienne de Banque, première banque de chacun de ces pays, s'élevait respectivement à 5 843 millions USD et 2 938 millions USD.

---

28. M. Medelci, Ministre des Finances, a rappelé, le 11 janvier 2007, devant l'Assemblée populaire nationale que l'ordonnance n°03-11 relative à la monnaie et au crédit, qui organise la constitution et le fonctionnement des banques et établissements financiers en Algérie, ne comporte pas de conditions spécifiques pour les banques islamiques : « Les banques désirant exercer en Algérie devront donc se conformer à cette loi mais elles pourront, si elles le souhaitent, placer sur le marché des produits financiers islamiques. Toutefois, ces banques resteront soumises aux règles prudentielles en vigueur ». Le ministre a été catégorique en affirmant qu'il était exclu que des mesures préférentielles spécifiques à ce type d'établissements soient prises.

Moyen-orient

• Au **Liban,** le législateur a intégré, en 2004, les spécificités de la finance islamique au cadre législatif et réglementaire applicable aux établissements financiers.

Le Crédit Libanais a été le premier établissement autorisé, en juin 2005, à avoir le statut de banque islamique [29] : la Banque du Liban a accordé une licence pour l'ouverture de 22 succursales. Les banques traditionnelles se sont déjà positionnées sur les produits de titrisation islamiques (soukouks).

• Des conditions favorables à l'épanouissement d'un puissant secteur bancaire sont aujourd'hui réunies à **Bahreïn.**

Premier pays du Golfe à mettre, dès 1932, ses réserves d'hydrocarbures en production, Bahreïn est également le premier pays de la région à subir les effets de leur épuisement et à avoir engagé une politique de diversification économique pour préparer l'après-pétrole. Ainsi, après la création de l'Islamic Bank of Bahrain (1978), ce pays s'est toujours efforcé de se positionner en siège régional de la finance islamique [30].

Ses principaux arguments (de manière non exhaustive) en faveur de ce leadership sont :

• *Un volume d'actifs important*

À la fin du mois de juillet 2007, les actifs gérés par les 390 banques et institutions financières ayant établi leur siège à Bahreïn, se sont inscrits en forte progression (+32 % sur une année glissante), s'élevant à 219 milliards USD, soit 14 fois le PIB du Royaume (contre 99 milliards à fin 1998) contre 165,7 milliards USD, un an plus tôt.

• *Un essor de la banque islamique*

A fin juillet 2007, les actifs islamiques ont enregistré une hausse sensible (+47 % sur un an) pour s'établir à 15,1 milliards USD (68 % de ces actifs provenaient de Bahreïn et des pays du CCG ; 26 % d'Europe et d'Amérique), soit 11 fois plus qu'en 1998.

---

29. Le Crédit Libanais a été contraint d'ouvrir une filiale dotée d'une structure juridique propre, « Lebanese Islamic Bank » au capital de 20 millions USD, car le droit libanais n'autorise pas la création de « fenêtre islamique » au sein des banques traditionnelles.

30. Un statut de place financière « off shore » a été créé en 1975. Ceci confère à cette place financière une fiscalité attractive (absence d'impôt sur le revenu, d'impôt sur les sociétés, de taxes sur les rapatriements de capitaux…).

Le montant des actifs islamiques, qui ne représentaient, en 1998, que 7,6 % des actifs locaux, en composent aujourd'hui 23,4 %, soit 7,85 milliards USD. Si les actifs islamiques étrangers restent proportionnellement modestes, leur montant a été multiplié par 12 pour atteindre 7,3 milliards USD (4 % des actifs étrangers contre 0,7 % en 1998).

Institution	Date du bilan	Actifs islamiques (m$)	Variation sur l'année précédente (%)	Total actif (m$)	Part des actifs islamiques / total actif (%)
Al Baraka Banking Group	31/12/2006	7 625,83	21,50	7 625,83	100
Abc Islamic Bank	31/12/2006	3 484,00	2,50	3 484,00	100
Ithmaar Bank	31/12/2006	3 179,94	618,88	3 179,94	100
Arcapita Bank	31/12/2006	2 707,71	45,17	2 707,71	100
Shamil Bank	31/12/2006	1 693,26	10,93	1 693,26	100
Gulf Finance House	31/03/2007	1 631,02	26,70	1 631,02	100
Bahrain Islamic Bank	31/12/2006	1 160,84	36,10	1 160,84	100
Kuwait Finance House (Bahrain)	31/12/2006	1 071,92	54,65	1 071,92	100
Al Baraka Islamic Investment Bank	31/12/2006	559,66	9,45	559,66	100

Source : The Banker, novembre 2007.

L'ensemble de ces chiffres ne reflètent pas totalement l'importance de la finance islamique. Ils ne comprennent pas, en effet, les actifs gérés par les départements islamiques (« islamic windows ») dont se sont dotées beaucoup de grandes banques conventionnelles comme BNP Paribas, CALYON, Citibank ou HSBC.

Par ailleurs, certaines banques ne proposant que des produits islamiques mais n'ayant pas adopté les normes comptables AAOIFI ne sont pas considérées comme établissements islamiques et sont donc incluses dans les établissements conventionnels.

- *Une place « surbancarisée »*

Selon l'ESCWA (Commission économique et sociale pour l'Asie occidentale) des Nations Unies, les dix plus grands établissements financiers islamiques sont en Asie occidentale. Six d'entre eux ont leur siège à Bahreïn qui héberge 24 banques islamiques, 11 compagnies d'assurance (« takafoul ») offrant des produits conformes à la Chari'a et accueille 34 des 78 fonds d'investissement islamiques existants.

Dernièrement, les banques islamiques qatariennes, Qatar Islamic Bank (QIB), et bahreïnite, Gulf Finance House (GFH), se sont associées [31] pour promouvoir la création d'une nouvelle banque d'investissement islamique au capital de 1 milliard USD.

- Une présence de sièges régionaux et une concentration des compétences.

Bahreïn est un acteur incontournable de la région dans la mesure où il héberge de grandes organisations de la finance islamique (AAOIFI, IIFM, LMC, IFSB, GCIBFI). En outre, chaque année se tiennent des conférences de niveau mondial.

– L'International Islamic Finance Market (IIFM), créé en 2002, est une structure destinée à promouvoir l'harmonisation des règles de la finance islamique au niveau international, à étendre la gamme des produits labellisés « Chari'a » et à faciliter le financement de la banque islamique. La Banque Islamique de Développement, les banques centrales de Malaisie, d'Indonésie, du Soudan, de Brunéi ont participé à sa création.

– L'Accounting and Auditing Organisation for Islamic Financial Institutions (AAOIFI), créée en 1991 à l'initiative de cinq entités (la Banque Islamique de Développement, les groupes Al-Rajhi et Dar Al Mal Al Islami, la Banque Islamique de Dubaï et la Kuwait Finance House) regroupe aujourd'hui 24 pays.

Cette organisation internationale indépendante travaille à l'unification des règles de la finance islamique (normes comptables, d'audit, de gouvernance, d'éthique et de Chari'a). Elle publie, depuis 2005, un recueil de normes de fatwas pour tenter de « codifier » un corpus de règles communément admises par l'industrie. De plus, s'inspirant de l'expérience de la Loan Market Association, elle a, par ailleurs, lancé l'ambitieux projet de rédaction d'une documentation standardisée pour les opérations de la

---

31. La concentration dans le secteur bancaire touche également l'émirat de Dubaï. En juillet 2007, Emirates Bank International et National Bank of Dubaï, respectivement deuxième et quatrième banque des Emirats Arabes Unis (EAU) en taille de bilan, ont fusionné pour former Emirates NBD. Le nouvel ensemble sera la plus grande banque du Golfe persique, devançant la banque saoudienne, National Commercial Bank. Détenu à 66,3% par les actionnaires d'Emirates Bank International et à 33,7% par ceux de National Bank of Dubaï, il regroupera environ 20% des actifs, prêts et dépôts des EAU. Cette opération vise à former un leader régional capable d'accompagner le développement de l'économie des EAU.

finance islamique [32]. Elle a ainsi un rôle moteur pour la standardisation des règles de la Chari'a telles qu'appliquées aux transactions financières. En collaboration avec l'International Accounting Standard Board, elle a permis, jusqu'à présent, la mise en œuvre de plus de cinquante standards internationaux.

Son travail de régulation a été récemment distingué par la Banque Mondiale.

– L'Islamic International Rating Agency (IIRA) est la première agence spécialisée dans la notation des banques et des instruments financiers islamiques. Ses promoteurs, notamment la Banque centrale du Bahreïn, visent, à travers cette institution, la mise en place de standards, une plus grande transparence et une meilleure gouvernance, de nature à renforcer la confiance des investisseurs.

– L'objectif du Liquidity Management Center (LMC), créé en 2002, est de permettre l'apparition d'un marché interbancaire par le développement de produits de court terme compatibles avec la loi coranique.

– L'Islamic Financial Services Board (IFSB), créé en 2000, doit favoriser la diffusion et l'harmonisation des règles prudentielles.

– Le General Council for Islamic Banks and Financial Institutions (GCIBFI), créé en 2001, est une organisation à but non lucratif chargée de représenter globalement la profession (information, communication).

- *Une autorité de tutelle de qualité et respectée*

Le succès de Bahreïn dans les services financiers s'explique pour de multiples raisons. Il est essentiellement lié à la politique du gouvernement qui a toujours dû faire du Royaume une place ouverte, transparente, accueillante mais dotée d'outils de surveillance et de régulation performants. Ainsi la Banque centrale de Bahreïn (CBB) est unanimement considérée comme un modèle et contribue efficacement à la réputation de la place : elle a employé, pour la finance islamique dont elle a su anticiper qu'elle serait un des moteurs de la croissance du secteur financier, le même niveau de dynamisme utilisé précédemment pour la finance conventionnelle.

---

32. D'autres organismes (Académie du Fiqh de l'Organisation de la Conférence Islamique, Académie du Fiqh du Koweit) publient également des recueils de fatwas.

A la différence de certains banquiers centraux qui estiment qu'il n'appartient pas à leurs établissements de se substituer aux « Sharia Boards » et d'adopter une politique particulière vis-à-vis des établissements islamiques, la Banque centrale du Bahreïn est la seule banque centrale à avoir jugé que les caractéristiques particulières de l'activité des banques islamiques nécessitaient la création en son sein d'un département dédié pour en assurer la surveillance et la régulation. À cet égard, elle a publié un « CBB Rulebook » (Tome 2), spécifique aux établissements islamiques. Elle sera la première, en 2008, à appliquer à ces banques les règles de Bâle II.

La CBB a accordé, en 2005, une licence à un organisme indépendant, le Sharia Review Bureau (SRB), qui a pour vocation de fournir aux institutions, islamiques ou conventionnelles, des avis sur la conformité de leurs produits (ce qui ne dispense pas les établissements islamiques d'être dotés, en interne, d'un « Sharia Board »).

- *Une place financière créative*

  Outre son avance en matière de régulation, Bahreïn fait également figure de pionnier pour le développement de nouveaux produits financiers, conformes à la Chari'a, attractifs.

  Après avoir émis les premières obligations islamiques (sukuks) en 2001, cette place financière confirme sa créativité et sa maîtrise financière en développant des obligations souveraines, dont le pays est le premier émetteur au monde, ou des sukuks à court terme (sukuks Al Ijara).

  Prochainement, la CBB doit valider un nouveau produit islamique de Repurchase Agreement, produit très attendu par les entreprises pour des financements de trésorerie à court ou moyen terme.

  En définitive, la finance islamique est devenue un des poumons de Bahreïn, notamment grâce à une forte incitation politique, à la mise en place d'un cadre régulateur efficace et rigoureux, à la mise au point de produits performants et à une abondance de liquidités. De tous ces points, seul le dernier peut faire problème un jour.

• Au **Koweït,** le secteur bancaire ne s'adresse qu'à une faible partie de la population (moins de 280 agences pour 3 millions d'habitants).

Le secteur bancaire islamique est actuellement partagé entre deux établissements[33] : la Bubiyan Bank, qui possède notamment 20 % de la « Bank of London and the Middle East » et la Kuwait Finance House qui jouissait, jusqu'à ces dernières années, d'un monopole (les autres banques commerciales possèdent tout de même des produits en accord avec les préceptes de l'islam).

Une loi relative aux guichets islamiques (2003) a sensiblement modifié la donne d'une part, en accordant à la Central Bank of Kuwait les pleins pouvoirs dans la gestion de tels établissements et d'autre part, en ouvrant la voie à la création de nouvelles banques : les établissements traditionnels locaux peuvent notamment se convertir en institutions islamiques (par exemple, la Kuwait Real Estate Bank (KREB), spécialisée dans le financement de l'immobilier).

Institution	Date du bilan	Actifs islamiques (m$)	Variation sur l'année précédente (%)	Total actif (m$)	Part des actifs islamiques / total actif (%)
Kuwait Finance House, Safat	31/12/2006	21 836,22	34,88	21 836,22	100
Investmant Dar	31/03/2007	3 978,00	44,77	3 978,00	100
Kuwait International Bank	31/12/2006	2 779,10	4,96	2 779,10	100
Bank Boubyan	31/12/2006	1 744,25	53,54	1 744,25	100
Aayan Leasing & Investment Co.	31/12/2006	1 642,18	20,66	1 642,18	100
Aref Investment Group	31/12/2006	1 179,60	106,48	1 179,60	100
Alafco Aviation Lease & Finance Co.	30/09/2006	838,28	130,08	838,28	100
Al Madar Fnance & Investment Co.	31/12/2006	622,99	42,28	622,99	100
The International Investor, Safat	31/12/2006	549,86	48,16	549,86	100

Source : The Banker, novembre 2007.

La volonté du Koweït de devenir un centre financier incontournable dans la région est liée à la puissance de son secteur financier. L'augmentation constante du nombre de sociétés d'investissement

---

33. Le gouvernement a donné son accord à la création d'une troisième institution islamique en 2008.

et des montants très élevés qu'elles gèrent ainsi que l'intérêt renouvelé des banques pour la gestion d'actifs sont autant de signes du dynamisme du secteur. Koweït n'est cependant pas encore le « hub » qu'il aimerait devenir : il ne possède pas de centre off-shore comme Bahreïn et Dubaï.

• Le **Qatar** encourage les banques islamiques à étendre leurs financements aux projets industriels et aux infrastructures publiques, qui totalisent actuellement 130 milliards USD. Deux banques sont leaders sur ce segment : la Qatar Islamic Bank, dont la banque d'investissement, baptisée Q-Invest, vise à développer une activité de marché de capitaux et de financement d'entreprise, et la Al Rayan Bank. En portant, chacune, leur capital à 1 milliard USD, elles atteignent ainsi la masse critique pour souscrire aux financements de projets.

Institution	Date du bilan	Actifs islamiques (m$)	Variation sur l'année précédente (%)	Total actif (m$)	Part des actifs islamiques / total actif (%)
Qatar Islamic Bank	31/12/2006	4 090,25	55,88	4 090,25	100
Qatar Intl Islamic Bank	31/12/2006	2 307,12	32,55	2 307,12	100
Masraf Al Rayan	31/12/2006	1 188,00	n/a	1 188,00	100
Qatar Real Est. Invest. Co.	31/12/2006	1 043,10	100,27	1 043,10	100

Source : The Banker, novembre 2007.

• Paradoxalement l'**Arabie Saoudite** n'a pas autorisé la création de banques islamiques sur son territoire à l'exception du groupe Al Rahji et des « fenêtres islamiques » appartenant aux établissements traditionnels. Le contraire reviendrait à reconnaître implicitement que les institutions conventionnelles déjà établies dans le Royaume, terre sainte par excellence, n'opéreraient pas selon les préceptes de la loi musulmane.

Pour l'ensemble de la zone, l'intermédiation bancaire demeure traditionnellement prédominante.

Les systèmes bancaires de cette région connaissent, toutefois, une modernisation structurelle rapide et s'ouvrent, quoique lentement, à la concurrence étrangère. Dans ces marchés encore relativement fragmentés et protégés, les incitations à développer des stratégies bancaires de concurrence tarifaires sont assez faibles, tant les comportements demeurent oligopolistiques. Jusqu'à aujourd'hui, la différenciation a consisté à maintenir ou à acquérir une taille significative : la Kuwait Finance House ou la Qatar Islamic Bank, avec près de 50 % de parts de leur marché national respectif, n'ont que très peu d'incitations à accroître leur masse domestique et cherchent davantage à revêtir un statut de banques régionales.

LES DIX PREMIÈRES BANQUES ISLAMIQUES DU GOLFE PERSIQUE

Institution	S = totalement islamique W = fenêtre	Type d'institution	Actifs islamiques (m$)	Part des actifs islamiques / total actif (%)
Al Rahji Bank	S	Banque commerciale et d'investissement	28 093,12	100,00
Kuwait Finance House, Safat	S	Banque commerciale	21 836,22	100,00
Dubai Islamic Bank, Dubai	S	Banque commerciale	17 544,98	100,00
Abu Dhabi Islamic Bank	S	Banque commerciale	9 881,67	100,00
National Commercial Bank, Djeddah	W	Banque commerciale	9 175,97	22,07
Al Baraka Banking Group	S	Diverses activités	7 625,83	100,00
Banque Saudi Fransi	W	Banque commerciale	7 302,54	34,36
Samba Financial Group	W	Banque commerciale	5 911,88	17,85
Saudi British Bank (Saab)	W	Banque commerciale	5 753,54	27,91

Source : The Banker, novembre 2007.

L'enjeu stratégique des banques du Golfe persique nécessite, dès lors, de se distinguer par d'autres moyens que les prix. Cependant, toute stratégie de « différenciation hors prix » suppose une spécialisation. La finance islamique offre ainsi aux protagonistes de ce marché une opportunité intéressante car elle permet d'éviter, en particulier à un établissement de taille modeste, de se retrouver sans identité propre. De ce fait, bien que de telles institutions puissent privilégier les niches ou rechercher des opportunités de fusion, l'alternative islamique leur propose un avantage concurrentiel d'autant plus attractif qu'il existe un marché potentiel important, non encore saturé, et que d'autres acteurs, locaux ou étrangers, sont souvent bien en peine de pouvoir commercialiser les produits, faute de crédibilité suffisante.

Par ailleurs, développer une filiale islamique semble être devenu une option de plus en plus convoitée. La première banque à avoir fait ce choix a été Emirates Bank International (EBI), orientée jusque-là vers la clientèle des entreprises. En acquérant, en 1994, la Middle East Bank (MEB), établissement de plus petite taille, et en la convertissant en banque islamique sous le nom de Emirates Islamic Bank, l'EBI confirmait qu'une structure islamique dans la région n'était viable qu'au regard de son enracinement auprès de la clientèle des particuliers.

Outre la conversion intégrale des opérations au modèle islamique et l'établissement de filiales islamiques spécialisées, l'existence de « fenêtre islamique » est une autre option stratégique possible[34]. À cet égard, les banques conventionnelles telles que HSBC, BNP Paribas, la Société Générale, Calyon (banque d'investissement du Crédit Agricole), Citibank, Union de Banques Suisses… concentrent de plus en plus leurs efforts dans cette région en se focalisant uniquement sur la banque de financement et d'investissement.

Le marché est si porteur que BNP Paribas, présente depuis 1985 sur cette niche, a décidé d'accélérer son développement, en 2003, en créant son « Islamic Banking Unit » à Bahreïn (« BNP Paribas Najmah »). Cette unité fonctionne comme une banque islamique, ce qui permet au groupe français d'être un interlocuteur « crédible » auprès des institutions et entreprises du Golfe persique. Ainsi, en août 2004, la société des télécommunications des Émirats Arabes Unis a choisi la BNP Paribas pour un crédit syndiqué de 2,35 milliards USD (entièrement islamique) afin de financer la deuxième licence de téléphonie mobile en Arabie Saoudite.

ÉVOLUTION

DANS LE MONDE OCCIDENTAL

L'installation dans des régions où la population musulmane est minoritaire constitue la troisième phase[35] de développement du système bancaire islamique.

---

34. N'oublions pas que pour les grandes banques internationales vivement intéressées par ce marché régional, la spécialisation en finance islamique sur laquelle s'appuient certains établissements financiers du Golfe persique pour se différencier, constitue une importante « barrière à l'entrée ».
35. Première phase : ancrage et consolidation du concept de banque islamique au Moyen-Orient, puis, dans une deuxième phase, implantation en Asie du Sud-est.

Europe continentale

Hormis le Royaume-Uni, le mouvement d'intégration des institutions islamiques en Europe est assez paradoxal dans la mesure où l'implantation des principaux établissements s'est effectuée dans des pays (Luxembourg, Suisse [36]) où la population musulmane et les produits destinés à celle-ci sont quasi-absents.

Dans les régions d'Europe Continentale, où la communauté musulmane représente une part non négligeable de la population (Allemagne, France, Belgique, Espagne), les banques islamiques sont inexistantes au motif que la législation en vigueur nécessite certains aménagements pour faciliter l'établissement de telles institutions. Un autre argument serait son poids relativement peu élevé dans la frange la moins favorisée de la population alors que l'épargne estimée des résidents maghrébins à l'étranger représenterait un flux régulier supérieur à 5 milliards €. En d'autres termes, « le système bancaire islamique ne serait réservé qu'aux riches et aux hommes d'affaires musulmans, ce qui est évidemment en contradiction avec les principes énoncés par le Coran [37] ». L'origine de cette communauté, principalement d'Afrique du Nord, peut être également évoquée dans la mesure où la banque islamique n'a pu se développer dans cette région en raison de l'hostilité des gouvernements locaux. Enfin, des obstacles fiscaux compliqueraient l'architecture et le fonctionnement de la finance islamique [38].

France

Le développement des banques et des techniques financières conformes aux préceptes de l'islam est aujourd'hui à l'ordre du jour. De nombreux signes témoignent de l'intérêt de la place de Paris, comme par exemple la tenue du premier Forum de la finance islamique (6 décembre 2007) ou la note du 17 juillet 2007 de l'Autorité des Marchés Financiers autorisant les OPCVM islamiques [39].

---

36. La Commission Fédérale des Banques (CFB) a reconnu, en 2006, la première banque islamique de Suisse : la Faysal Private Bank, ancienne Faysal Finance liée au trust saoudien Dar-al-Maal Al-Islami.

37. « European Perceptions on Islamic Banking », The Institute of Islamic Banking and Insurance, Londres, 1996, pages 134-135.

38. Dans le cas d'un crédit immobilier, le montage (Ijara) implique que l'établissement de crédit achète le bien, puis le revende à terme à l'emprunteur. Mais, ce système nécessiterait notamment deux actes notariés au lieu d'un seul pour une transaction classique, ce qui augmenterait d'autant le coût de l'acheteur.

39. Il est précisé que « ces éléments d'appréciation s'appliquent aussi pour l'agrément d'OPCVM se prévalant de la conformité à la loi islamique ».

Aujourd'hui, la finance islamique se limite à quelques opérations en financements structurés immobiliers d'entreprises qui respectent les principes de la Chari'a. Quatre banques sont actives sur ce créneau : la Société Générale Corporate & Investment Banking (SG CIB), HSBC, Citi et Eurohypo AG. Elles aident les fonds islamiques en provenance du Moyen-Orient à acquérir des biens immobiliers via des mourabahas.

Mais des produits et services islamiques peuvent être proposés par des banques auparavant agréées, par des établissements britanniques démarchant en France, ou par d'autres institutions islamiques demandant un agrément. Certaines grandes banques proposent désormais des services spécifiques dédiés à une clientèle d'origine étrangère (concept de « banque ethnique ») : le groupe de la Caisse d'Épargne a signé[40], en septembre 2007, un premier partenariat, avec l'État, pour la commercialisation de comptes d'épargne co-développement destinés aux populations d'origine étrangère[41] en France. Enfin, des projets d'implantation ont été portés à la connaissance des autorités françaises. Aucun n'est encore arrivé à maturité[42] mais leur existence montre que le sujet est d'actualité.

À condition d'identifier et de traiter certains frottements fiscaux qui risquent de rendre prohibitifs le coût de certaines opérations, de travailler sur la régulation bancaire en adaptant l'interprétation des normes de solvabilité (sans sacrifier la solidité financière et la transparence), la finance islamique peut représenter un élément important de l'attractivité de la place de Paris d'autant plus que tant que la réglementation est respectée et tant qu'il n'y a pas de discrimination

---

40. « Le concept de la banque ethnique se développe au sein de l'Hexagone », lettre de l'Agefi, 15 octobre 2007.

41. En France, les recensements sur l'origine et la religion sont proscrits. Selon une note d'Antonella Caruso : « Au nom de l'islam : quel dialogue avec les minorités musulmanes en Europe ? », publiée par l'Institut Montaigne (septembre 2007), « La France abrite quelque cinq millions de musulmans qui représentent un tiers de la population musulmane totale en Europe et 7 à 8% de la population française ».

42. La première demande d'autorisation d'ouverture, en France, d'une institution a été déposée à la Commission bancaire, autorité de surveillance du système bancaire français, en décembre 2006, par FS International Partners, basé à Genève, qui projette de créer la Tayssire Bank. L'organisme n'a pas mentionné comme qualification « finance islamique » mais « finance éthique ». Par ailleurs, les banques françaises, dans leur ensemble, considèrent que les résidents maghrébins à l'étranger constituent une population homogène alors qu'elle est doublement hétérogène : géographiquement, chaque pays du Maghreb a des besoins spécifiques et démographiquement, chaque génération d'immigrés a un profil patrimonial typé. D'où une multibancarisation de cette clientèle atypique se tournant vers Fedex et Western Union.

à l'égard des individus, rien n'empêche la structuration de produits afin de l'adapter à des pratiques religieuses. Si ces aménagements sont effectués, ils permettraient alors à Paris de concurrencer Londres, pionnière en Europe, et d'envoyer un signal aux investisseurs et à la clientèle du Golfe persique.

En définitive, le développement de la finance islamique en France dépendra de la possibilité de diversifier l'offre bancaire notamment en mettant en place des structures de financement compatibles avec les règles de la Chari'a qui n'imposent pas de formes particulières de financement mais exigent plutôt le respect d'un certain nombre de restrictions.

ROYAUME-UNI

Le Royaume-Uni est la seule région d'Europe qui, jusqu'ici, a autorisé l'établissement d'une banque islamique sur son territoire. L'ouverture à la finance islamique reposait surtout sur la volonté des autorités financières de promouvoir la compétitivité de la place de Londres et l'innovation financière, mais aussi d'inclure dans le système financier des personnes qui, jusqu'alors s'en trouvaient exclues en raison de leur croyance religieuse (à cause notamment de la rémunération des dépôts pratiquée par les banques britanniques) et qui recouraient, par conséquent, à des marchés parallèles (Hawala).

L'agrément[43] en août 2004 de la Financial Services Authority (FSA), autorité de tutelle du secteur financier, permettant à la Islamic Bank of Britain (IBB) de fournir des services compatibles avec la Chari'a, a formé l'acte de naissance de la banque de détail islamique outre-Manche.

Les résultats de l'IBB illustrent l'intérêt suscité par ce marché : cette banque est passée de 5 962 clients en janvier 2005 à 23 459 en juin 2006 (+74,6 %) pour 70,1 millions de livres sterling de dépôts. Le rendement actuel de son compte d'épargne est de 3,75 %. Par ailleurs, certains signes montrent que la croissance du secteur devrait se poursuivre : les prêts immobiliers halal atteignaient 740 millions € en 2006 et, selon l'agence de prêts Bristol & West, leur progression devrait être proche de 70 % en 2007.

Par ailleurs, en mars 2006, l'European Islamic Investment Bank (EIIB) a obtenu une licence bancaire, lui permettant ainsi d'exercer

---

43. L'introduction des produits islamiques au Royaume-Uni, pays de Common Law, n'a pas donné lieu à l'adaptation du dispositif législatif ou réglementaire britannique.

ses activités dans d'autres pays de l'Union européenne. Cotée sur l'Alternative Invest Market (AIM) depuis mai 2006, elle est la seule banque d'investissement [44] purement « islamique » autorisée au Royaume-Uni. Elle se positionne sur un marché de niche : la gestion d'actifs pour les investisseurs européens, s'engageant à des performances financières comparables à celles des benchmarks du secteur conventionnel. Le modèle poursuivi serait comparable à celui des produits dérivés dont le coût a progressivement baissé au fur et à mesure que la documentation financière se standardisait.

LA RÉGULATION

Il n'existe pas de régulation spécifique du secteur bancaire islamique. Même si la FSA reconnaît la spécificité de ce secteur, elle n'a pas cependant institué de réglementation spécifique pour la finance islamique. Cette dernière reste donc soumise aux principes généraux de régulation élaborés par cette autorité reposant sur le principe d'une égalité totale de traitement avec les institutions financières conventionnelles : « ni faveur, ni obstacles » (« no special treatment : no obstacles, no favour »). Ainsi, sur le plan institutionnel, l'autorisation des banques islamiques est soumise aux mêmes conditions que leurs consœurs traditionnelles : règles d'adéquation du capital, mise en place de procédures de contrôles, capacité et responsabilité des gestionnaires, solidité du plan d'actions.

Concernant le consommateur, le souci (et la mission) de la FSA est de lui offrir, au travers des grands principes d'équité, de clarté et d'interdiction de publicité mensongère, le même degré de protection que pour les produits conventionnels. À cet égard, les acteurs de la finance islamique ont pu assister à une première étape vers une certaine standardisation des normes de documentation et des fatwas avec l'émission, en mars 2007, par la London Market Association d'un guide [45] pour les documentations de structure de mourabaha.

---

44. 85% du capital de la banque est contrôlé par des institutions et individus fortunés du Moyen-Orient.
45. « Users Guide to islamic finance documents » publié par la Loan Market Association (LMA) – www.lma.eu.com.

Toutefois, la spécificité des produits islamiques a conduit les institutions financières islamiques à devoir s'adapter :

- aux termes de la réglementation britannique : tout dépôt sur compte d'épargne est soumis aux principes de la « garantie du principal » (toute somme déposée doit pouvoir être retirée selon les conditions déterminées par les parties). Or, cette règle enfreignait le droit islamique en matière d'épargne, laquelle doit reposer sur un bien et sur un risque. La solution retenue par la FSA a été que la banque doit s'engager à « garantir le principal », libre au client de renoncer à cette assurance pour se conformer à ses pratiques religieuses.

- en intégrant plusieurs mécanismes d'achats immobiliers [46] au périmètre de surveillance de la FSA. Le dispositif de l'« Ijara Home Purchase Plans » y est ainsi inclus depuis avril 2007. En pratique, ceci signifie que le fournisseur du bien doit être agréé par l'autorité britannique et se soumettre aux règles relatives à la promotion immobilière (l'information du client doit être claire, équitable et non mensongère).

- l'obligation de séparer le Comité de la Chari'a de la gestion de la banque. Toute personne impliquée dans l'administration d'une banque doit faire l'objet d'une procédure d'accréditation de la FSA (« authorised persons »). En pratique, les religieux sont extérieurs aux institutions financières et ont un statut s'apparentant à celui des consultants.

Le marché

Outre l'IBB, la place financière de Londres dispose, aujourd'hui, sur ce marché, d'autres institutions fonctionnant selon les principes de la loi coranique. Il s'agit, par exemple, de la Deutsche Bank, de Citibank, de HSBC Amanah, Lloyds TSB, 5e banque du pays,… qui ont bien perçu le potentiel que représente la finance islamique pour une population musulmane en forte croissance [47].

---

46. « Home Reversion Plan » - viager – et « Home Purchase Plan » - crédit-bail.
47. Cette communauté, très concentrée géographiquement, compte, selon le dernier recensement 2001, 1,8 millions d'individus dont 800 000 à Londres, et pourrait atteindre 2,5 millions en 2020. Déjà l'IBB a implanté huit filiales localisées dans les zones à forte densité islamique : Leicester, Birmingham (2), Londres (Southall, Eastham, Whitechapel et Edgware) et Manchester.

Institution	Date du bilan	Actifs islamiques (m$)	Variation sur l'année précédente (%)	Total actif (m$)	Part des actifs islamiques / total actif (%)
Hsbc Amanah	30/06/2007	9 725,00	17,21	9 725,00	N/a
European Islamic Investment Bank	31/12/2006	463,82	110,19	463,82	100
Islamic Bank Of Britain	31/12/2006	231,66	32,17	231,66	100

Source : The Banker, novembre 2007.

Cette situation permet à la place financière de proposer des produits islamiques servant de débouchés à l'afflux récent de pétrodollars et d'envisager de se positionner, à terme, comme un centre mondial prépondérant des services financiers islamiques, devant ses concurrents : Dubaï et Kuala Lumpur. La finance islamique pourrait représenter ainsi un produit d'exportation pour le Royaume-Uni.

Dans cette perspective, le gouvernement britannique a pris, depuis 2003, des mesures favorisant l'essor de ce marché (suppression du double droit de timbre sur les transactions immobilières islamiques, mise en place d'un cadre réglementaire adéquat pour les contrats en moudaraba, création d'un diplôme de finance islamique avec l'appui de nombreuses écoles et Chambres de commerce). De surcroît, afin de renforcer l'attractivité de la place financière britannique, cette orientation a été réaffirmée [48] d'une part, en assouplissant le cadre réglementaire de l'émission et la commercialisation de soukouks au Royaume-Uni et d'autre part, en publiant, deux mois avant le budget 2007, un guide fiscal clarifiant le traitement fiscal des « moucharaka dégressives » et des produits takafoul.

LES ÉTATS-UNIS

Avec une population musulmane estimée à un peu plus de 6 millions d'âmes, les États-Unis ont accueilli plusieurs projets, dont notamment ceux de la LARIBA [49] Bank de l'America Finance House, dont le siège social se trouve à Pasadena (Californie), autorisée à exercer sur l'ensemble du territoire américain à l'exception de l'État de New York, et de l'Amana Mutual Fund, située à Washington.

---

48. Lors de la 6ème conférence internationale Euromoney consacrée à la finance islamique (30-31 janvier 2007, Londres).
49. Acronyme de Los Angeles Reliable Investment Bankers Associates.

Au total, la finance islamique a enregistré une forte croissance au cours des dernières décennies suite à la demande d'investissements dans la région du Golfe persique (recyclage de la manne pétrolière) et à celle, forte, de services financiers conformes à la Chari'a, émanant d'un grand nombre de musulmans. Néanmoins, elle occupe encore une part négligeable dans le système financier mondial.

Elle se concentre principalement au Moyen-Orient et en Asie, ses principaux centres, mais apparaît également en Europe et aux États-Unis.

**Le potentiel du marché bancaire islamique
en milliards de dollars US**

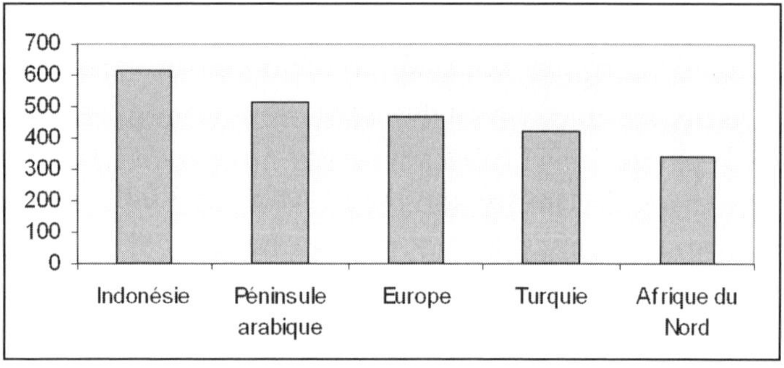

Source : Standard & Poor's.

La banque islamique

Nature et définition

La dénomination « islamique » fait l'objet de procédures de contrôle sévères. Pour garantir la légitimité islamique des opérations financières et recevoir ce « label », une institution, une activité ou un produit doit être reconnu conforme à la Chari'a – « Shari'a compliant » – par un Conseil indépendant, composé de docteurs de la loi religieuse qui vont s'appuyer, selon le cas, respectivement sur trois critères : le partenariat d'un établissement financier, la prise de risque et les résultats, mesurés a posteriori, en termes de richesse créée. Cette conformité définit les Institutions Financières Islamiques (IFI) et les produits financiers islamiques.

Au regard des nombreuses contraintes imposées par la loi islamique, le terme de « finance islamique » peut sonner comme un oxymore. Respecter strictement la Chari'a, tout en déclinant une gamme de produits financiers offrant plus-value et rendement, c'est à ce cas de figure, réputé insoluble, que les banques islamiques entendent apporter une solution.

Les activités de la banque islamique

La banque islamique[50] joue un rôle particulier dans l'organisation politique et économique. Outre que sa légitimité repose principalement sur des principes religieux de fonctionnement, une telle institution est un établissement à référent associatif, solidaire et social. Sa vocation première est de développer l'esprit d'initiative.

---

50. Dans les pays islamiques, trois catégories de banque, à structure de capital différente, peuvent être rencontrées : la banque nationale, dont le capital appartient à une ou plusieurs personnes ; la banque gouvernementale, financée exclusivement par l'Etat ; la banque mixte dont le capital est détenu par le gouvernement et le public.

Banque de détail à l'origine, elle offre, à ce titre, de nombreux services de conseil et d'accompagnement en gestion à sa clientèle afin de les soutenir dans leur entreprise et d'assurer, de ce fait, une activité économique saine et profitable aux deux partenaires (banque et entrepreneur). Ainsi, d'une manière générale, elle fournit notamment :

1. Les services bancaires traditionnels

Les dépôts des particuliers sont ainsi considérés comme des prêts garantis à la banque, rémunérés « à titre gracieux » (les déposants collaborent avec une institution qui respecte leur identité cultuelle). L'offre de cartes de crédit n'a été proposée que récemment (sur le modèle d'al-ruban MasterCard lancée à Bahreïn en 2002) avec la seule couverture par les clients des frais de chaque transaction.

Les prêts personnels ne sont tolérés que dans la mesure où ils constituent des micro-crédits ne comportant pas d'intérêt mais une rémunération des frais bancaires, indépendante de la durée et du montant du prêt. Le gain retiré de ce crédit doit être soumis à la sadaqa.

Parmi les produits de placement, la banque peut placer des obligations (soukouks) auprès de sa clientèle.

La gestion de portefeuille d'actions a été développée : une gestion indicielle est notamment possible en liaison avec le Dow Jones Islamic Market Index (DJIM). A cet égard le site www.islamq.com propose aux musulmans des conseils sur les placements islamiques.

2. La possibilité de souscrire à une « Épargne Pèlerinage »

Ce produit permet de remplir le devoir religieux relatif au pèlerinage à La Mecque. Après un dépôt initial, le client s'engage à verser, en complément, des sommes variables, au gré de sa volonté, afin de préparer son voyage.

Notons que ces établissements soutiennent les pauvres et les nécessiteux en accordant des prêts sociaux et de bienfaisance gratuits (« al Qard al Hassan »). Dans de telles circonstances, elles n'apparaissent plus comme un simple bailleur de fonds mais deviennent un acteur socioéconomique à part entière.

3. Une assistance au montage des dossiers de financement de projets commerciaux[51]

En plus de l'appui à la recherche de partenaires techniques et financiers, ces institutions vont proposer des achats et ventes à tempérament en guise d'alternative au crédit à court et moyen terme et une participation aux pertes et aux profits comme mode de financement à long terme, situation proche de celle du capital-risque. Différentes formules de moudaraba, d'ijara, de bai'muajjal, de bai'el salam (cf. chapitre sur les techniques de financement) sont proposées.

Cependant, la proscription de certains secteurs d'activité constitue une contrainte pour ces institutions. La prise de participations dans des entreprises dont l'objet social n'est pas conforme aux principes de l'Islam est prohibée : commerce de l'alcool, du tabac, de la viande du porc…, la pornographie, les jeux de hasard, le divertissement (cinéma et musique), l'armement. Est interdite également la prise de participations dans des sociétés endettées à plus d'un tiers de leurs fonds propres (voire de leur capitalisation boursière) ou dont les « créances clients » représentent plus de 33 % de l'actif, la loi coranique n'étant pas favorable aux achats à crédit. Enfin, elles ont également, en théorie, interdiction de mêler leurs activités à celles des banques conventionnelles. Plus généralement, les comportements financiers prohibés sont de deux types : exclusion de certains secteurs d'activité et refus d'investir sur des produits financiers qui ne seraient pas reliés à des actifs tangibles.

Ces établissements conservent néanmoins une certaine latitude afin de s'adapter aux nouvelles réalités économiques : par exemple, des plans d'investissement relatifs à l'achat d'avions ou à la construction d'hôtels dans les pays du Golfe persique (appliquant la Chari'a) ont été autorisés. En effet, bien que de l'alcool soit servi tant à bord des avions que dans les hôtels, ces projets ont été élaborés selon des techniques de financement islamiques au motif que servir de l'alcool aux clients n'est pas la fonction première de l'entreprise. En revanche, un investissement du Al Dar Islamic Fund dans le groupe de cosmétiques L'Oréal a été jugé non conforme par le Comité de la Chari'a dans la mesure où la loi coranique interdit aux femmes d'utiliser des produits de beauté devant des étrangers (même si d'autres experts considèrent qu'un tel investissement n'est pas prohibé dès lors que les femmes se maquillent ou se parfument uniquement chez elles [52]).

---

51. Sur une base participative (répartition des bénéfices ou des pertes en fonction de la quote-part de chaque partie dans le projet) et/ou un crédit-bail.
52. Charles Batchelor, « Investors unsure about Sharia », Financial Times, 12 mai 2004.

LES SPÉCIFICITÉS DE LA BANQUE ISLAMIQUE

Revenons, avant tout, sur la banque conventionnelle. Celle-ci, notamment, contribue au financement de l'économie, assure le fonctionnement du système des paiements et apparaît comme une entreprise ayant, à double titre, une structure financière particulière. D'une part, son passif est essentiellement constitué de dettes envers les tiers, les dépôts de la clientèle, les emprunts interbancaires ou encore les titres représentés par un instrument financier. De l'autre, leur patrimoine représente un ensemble de risques : des risques de crédit associés aux activités d'intermédiation, des risques de prix liés aux opérations de marché et un risque général d'illiquidité résultant de la transformation d'échéances généralement opérée par les banques. L'intérêt joue un rôle central dans chacune de ces classes d'opération.

Outre qu'elle doit répondre aux exigences de la Chari'a dans tous les aspects de ses activités et opérations, la banque islamique se distingue de la banque conventionnelle sur plusieurs points.

En premier lieu, plutôt que de remplir sa seule fonction d'intermédiaire financier, elle va jouer un rôle d'investisseur direct : les fonds collectés, provenant des épargnants, sont utilisés à l'occasion d'opérations commerciales, industrielles ou agricoles, situations particulières qui imposent certaines dispositions.

Le choix de l'entrepreneur est ainsi crucial pour l'établissement bancaire. Aussi, pour s'assurer un certain contrôle sur le projet financé, la banque, qui est actionnaire, participe, la plupart du temps, au Conseil d'Administration [53]. Mais, rien n'est automatique et son absence dans cette instance peut susciter des interrogations. Cela laisserait notamment supposer que la banque n'a aucun pouvoir de gouvernance réel sur les dirigeants des firmes dans lesquelles elle investit. N'étant pas prêteuse, elle n'aurait aucun moyen de « discipliner » l'équipe dirigeante en tant que créancier comme le ferait, dans une certaine mesure, une banque conventionnelle. C'est pour cela, que la grande majorité des opérations des institutions islamiques est particulièrement concentrée vers des transactions de court terme de type mourabaha [54].

---

53. Seule la banque est actionnaire via les fonds d'investissement et a un droit de regard sur l'activité de l'entreprise. Les déposants n'ont aucun droit de vote.
54. Du fait qu'elles travaillent, la plupart du temps, sur de petites réserves, les banques favorisent le court terme. Elles doivent donc pouvoir disposer rapidement de liquidités si le besoin s'en fait sentir.

Mais de telles opérations engendrent risques et coûts transactionnels, nuisibles au développement des banques (impopularité des instruments basés sur le partage des profits et des pertes) puisque la sélection d'un projet réclame des études préalables de faisabilité, d'évaluations techniques, financières..., toute chose qui requiert une expertise et qui, une fois après avoir entériné l'investissement, nécessite un suivi et une surveillance continus de l'activité de moudareb, dont un comportement irrégulier, le cas échéant, pourrait conduire à une perte.

Par ailleurs, étant donné que son fonctionnement est basé sur le principe de la participation, que le risque n'est pas à sa seule charge, mais qu'il est supporté tant par elle que par le déposant, la banque ne peut se contenter d'une simple relation prêteur-emprunteur. Une association véritable, dans laquelle les enjeux communs sont partagés, naît entre les deux parties. L'établissement a ainsi une double relation contractuelle avec sa clientèle : rôle fiduciaire vis-à-vis des déposants et bailleur de fonds à l'égard de l'entrepreneur. Il s'agit néanmoins de contrats dans lesquels des conflits d'intérêt existent et dans lesquels la banque est avantagée [55].

En deuxième lieu, les banques islamiques se doivent de proposer un large éventail de services (collecte des dépôts, gestion de l'impôt, assurance...) afin d'offrir à leurs investisseurs un revenu aussi élevé que celui offert par les banques conventionnelles. À l'exception de quelques conglomérats internationaux (Dallah Al-Baraka, Faysal Banking Group...), elles demeurent essentiellement impliquées sur des marchés nationaux, en général relativement étroits. Elles se caractérisent ainsi par une faible diversification, tant du point de vue géographique qu'en termes de métiers et de secteurs.

La troisième spécificité notable des institutions financières islamiques, qui joue en leur défaveur, provient de leur faible dimension,

---

55. Du côté des déposants, ceux-ci, tout en assumant la totalité des risques, paient des frais de gestion à la banque alors que celle-ci ne leur assure aucun revenu fixe sur leurs dépôts comme pourrait le faire un établissement conventionnel. Ils ne reçoivent uniquement qu'une quote-part des profits (déterminée lors de la conclusion du contrat) ou à défaut, paient une fraction des pertes encourues. De plus, ils n'ont aucun droit de regard sur les choix d'investissements effectués par la banque. Du côté des entrepreneurs, en tant que partenaire, ils recevront en cas de succès une part des profits réalisés en rapport avec la clause contractuelle. Si le projet essuie des pertes, seul le banquier, et avec lui les déposants, les assume, l'entrepreneur étant alors considéré comme « ayant perdu son temps et ses efforts » (certaines banques, afin de garder leur clientèle, acceptent cependant de prendre en charge une partie de la perte en réduisant leur part de profit).

qui réduit leur compétitivité : peu d'entre elles, en effet, ont atteint une masse critique (même dans des systèmes bancaires de petite taille) qui leur permettrait de concurrencer les principales banques internationales en matière de syndication.

Enfin, outre la gestion de la Zakat, les banques islamiques se caractérisent également, au niveau organisationnel, par l'existence d'un Comité de la Chari'a, composé de docteurs de la loi islamique, qui doivent veiller à la conformité islamique des produits financiers et à l'intégrité des transactions. Le rôle de cette instance est prépondérant, non seulement pour des raisons religieuses, mais également pour des considérations purement commerciales : la clientèle n'aura confiance dans les opérations de leur établissement que si les savants musulmans garantissent la conformité de celles-ci avec leurs convictions.

Au total, la comparaison des approches fait apparaître la place fondamentale du taux d'intérêt dans la banque conventionnelle. Celui-ci permet de couvrir, en particulier, les coûts de refinancement et de couverture des risques de l'établissement. En outre, dans son activité, la banque ne prévoit pas le partage des risques avec son client, cette attitude visant à limiter les comportements opportunistes [56]. À l'opposé, le métier de banquier islamique repose sur un partage a posteriori des risques, justifié par la fidélité de la clientèle musulmane à leurs établissements bancaires et par leurs liens de confiance mutuelle (renforcés par des convictions religieuses communes), de nature à éviter également des conduites opportunistes. Toutefois, en pratique, cet usage entrave peu la liberté d'action des conseillers. Du fait des règles religieuses, la latitude des gestionnaires semble plus limitée en cas d'octroi de crédits à long terme et d'utilisation d'instruments de marché.

IMPLICATIONS ÉCONOMIQUES ET SOCIALES

Les établissements islamiques ont un impact non négligeable du point de vue économique :

* une population mieux bancarisée, grâce à la couche sociale pieuse que ces établissements arrivent à toucher ;

---

56. Notamment de sélection adverse et d'aléa moral avec les emprunteurs qui ne sont pas tentés ainsi de faire partager les risques de leurs projets avec les actionnaires de la banque.

* une sélection des projets à la source, puisque la banque ne financera que ceux dont la rentabilité est sérieusement étudiée, indépendamment des garanties réelles engagées ;
* une « assistance liée », en matière de gestion, de la part de la banque, dans la mesure où le bénéfice que celle-ci escompte est tributaire du profit dégagé par le projet ;
* une promotion de l'investissement, en raison de l'encouragement que provoque la formule de capital-risque auprès des investisseurs potentiels ;
* la promotion d'une forme de capitalisme populaire, grâce à la transformation du rôle de déposant de la banque en détenteur de parts dans des projets économiques ;
* la promotion du développement régional facilitée par la culture et la pratique de proximité que développe la banque avec ses clients.

De même, au niveau social, les banques jouent un rôle important de :

* solidarité entre bailleurs de fonds et investisseurs, à travers la formule participative ;
* moralisation de l'activité économique via l'éthique que développe la banque islamique à travers son réseau de clients et partenaires ;
* contribution à la redistribution des revenus, par la mobilisation structurée des fonds de Zakat ;

LA STRUCTURE ORGANISATIONNELLE

Bien que leur fonctionnement repose sur les principes de la Chari'a, la majorité des banques islamiques avaient copié, lors de leur création, l'organisation structurelle des banques classiques. Aujourd'hui, le paysage bancaire islamique est composé, en plus de ce type d'établissements, de banques occidentales ayant créé, en leur sein, des « fenêtres islamiques ».

Parmi les critères qui ont permis à ces institutions d'être pérennes, la « culture islamique » joue un rôle important. Les dirigeants de banque considèrent, en effet, qu'offrir des produits conformes à la loi musulmane à leur clientèle est insuffisant. Pour eux, le personnel doit avoir intégré une culture d'entreprise fondée sur l'éthique du comportement islamique (« souloukiat ») afin de mieux comprendre et répondre efficacement aux attentes de leurs clients. Ils sont convaincus que, plus un agent connaîtra la loi coranique, plus il sera qualifié pour expliquer ou vendre un produit compatible avec la Chari'a. À cette fin, la Bahrain Islamic Bank ou la Dubaï Islamic Bank ont développé un programme de formation continue à l'attention de leurs employés. Ces actions se pratiquent également à l'occasion des prières qui se déroulent sur les lieux et pendant les heures de travail (ils organisent aussi des cycles de conférences de sensibilisation dans les écoles et dans les universités). En d'autres termes, les employés de ces institutions doivent être convaincus d'appartenir à un établissement qui développe une philosophie propre de fonctionnement ayant une dimension religieuse.

Cette vision requiert donc, pour les personnes recrutées sur le marché national de l'emploi, d'acquérir une nouvelle manière de penser et de nouvelles compétences, à avoir notamment la capacité à pouvoir faire la différence entre ce qui est licite (halal) de ce qui est illicite (haram). Cette démarche met ainsi l'accent sur le conditionnement religieux des employés et sur l'harmonisation des attitudes s'inspirant de la loi coranique. Elle permet, de ce fait, aux banques d'obtenir légitimité et réputation et vise, en fait, à engendrer une efficacité organisationnelle via la standardisation et la coordination des actions entreprises par le personnel.

Pour réussir, ce processus de structuration de l'environnement bancaire se devait de s'appuyer sur le rôle prépondérant des institutions. Ainsi furent créées, en particulier,

- au niveau religieux : le Comité de la Chari'a, le Comité de la Zakat ;
- au niveau des organisations : le « Comité des normes bancaires » (AAOIFI), le Marché international de la finance islamique (IIFM)… ;
- au niveau des techniques bancaires : les produits financiers islamiques (moudaraba, moucharaka…).

La dualité de la gouvernance

Les règles appliquées par les banques islamiques sont issues de principes relevant des théories anglo-saxonnes des organisations et de la loi coranique. Les dirigeants de ces établissements sont, en fait, soumis d'une part, à des préoccupations relatives à la satisfaction, à la fois, des actionnaires (shareholders' governance exercée par le Conseil d'Administration) et des partenaires (stakeholders' governance) et d'autre part, aux exigences du respect des normes éthiques élaborées par les instances religieuses (islamic governance exercée par le Comité de la Chari'a). Ainsi, en pratique, les dirigeants des banques islamiques se trouvent subordonnés à deux formes de pouvoir : le premier, décisionnel, du Conseil d'Administration, le second, moral, du Comité de la Chari'a. Dès lors, ils ne peuvent que jouer un rôle d'intermédiation, certes non négligeable.

LE COMITÉ DE LA CHARI'A

Chaque établissement bancaire comprend, en son sein, un Comité d'éthique, composé, en général, de quatre à sept membres. Cette entité supervise, à l'aide de fatwas, la conformité des actes de gestion (produits bancaires, transactions...) de la banque aux principes et règles de la loi musulmane [57]. Elle donne son accord aux opérations semblables (ou nécessitant des amendements mineurs) à celles déjà approuvées par le Comité sachant que ces contrats sont revus à l'occasion de l'audit religieux des opérations financières et d'investissement. Le rapport d'audit, établi dans le cadre de l'élaboration du bilan annuel, est transmis, par la suite, aux actionnaires et investisseurs de la banque.

Les institutions financières veillent à l'excellence de la composition de ce Comité. La participation de personnalités musulmanes, reconnues pour leur intégrité et pour leur connaissance en jurisprudence commerciale islamique (« Fiqh al Mu'amalat »), leur confère notoriété et crédibilité auprès des actionnaires et de leur clientèle. La fréquence des réunions, qui ne se tiennent pas obligatoirement au siège de la banque [58], est liée à la taille de l'établissement bancaire. Le groupe Dar Al Maal Al Islami emploie, par exemple, plusieurs experts à plein-temps du fait du nombre important de transactions traitées par ses filiales.

---

57. P.Moore, in « Islamic Finance, Partnership for Growth », Ed. Euromoney Publications, London, 1997, définit les quatre questions que le Comité, qui joue un rôle pivot au sein de la banque, est amené à se poser devant toute transaction :
- Les termes de la transaction sont-ils conformes à la Chari'a ?
- Est ce le meilleur investissement pour le client ?
- L'investissement envisagé produira-t-il de la valeur ajoutée pour le client ? pour la communauté ? ou pour la société dans laquelle le client est actif ?
- En tant que gestionnaire de fonds, la banque effectuerait-elle la transaction de la même manière qu'elle le ferait si elle agissait pour son propre compte ?
Si la réponse à une des questions est négative, la transaction devrait, en théorie, être rejetée.
58. Les experts du Comité sont parfois issus de différents pays. Par exemple, les membres de la Faysal Islamic Bank, à Bahreïn, sont originaires de Bahreïn, d'Egypte, d'Arabie saoudite, de Turquie et du Pakistan.

L'influence de ce Comité, en termes de pouvoir et d'indépendance, est importante dans la mesure où il n'appartient pas à la structure hiérarchique. Cette puissance est renforcée par la quasi-absence de rémunération de ses membres (seuls les frais afférents aux dépenses de communication et à l'examen des transactions, adressées généralement par télécopie, sont remboursés). C'est pourquoi, certains observateurs se demandent si le rôle de cette entité n'est pas plus prépondérant que celui du Conseil d'Administration.

De plus en plus conscient des pressions auxquelles est contrainte la haute hiérarchie de la banque, le Comité de la Chari'a ne se limite plus à porter un avis sur certaines transactions. Ses membres, grâce à une meilleure maîtrise des techniques bancaires, proposent parfois leur aide aux dirigeants afin de structurer leurs transactions de la manière la plus optimale possible.

Toutefois, remarquons qu'un des obstacles au développement de la banque islamique est le manque de spécialistes, à la fois, de la finance et du droit musulman des contrats ('aghd), surtout la partie relative aux relations (mouamalat), parlant anglais et ayant une réelle notoriété internationale. Très peu d'experts sont formés, actuellement, en Occident voire en dehors du monde arabe, la plupart des diplômés venant des pays du Golfe persique.

Le comité de la zakat

Outre le Président de la banque, cette enceinte est composée de membres appartenant au Conseil d'Administration. Elle étudie les projets sociaux devant bénéficier de la Zakat et décide de l'affectation de celle-ci.

Bien que ce Comité confère à la banque un rôle social, celui-ci se révèle être également une contrainte pour son activité (interdiction de pouvoir disposer librement des fonds déposés sur ce compte).

LES RESSOURCES

Les ressources des banques islamiques se constituent d'une part, des ressources internes telles que le capital, les réserves, les profits et d'autre part, des ressources externes telles que les dépôts à vue, comptes bloqués à rémunération participative ou compte d'épargne et enfin les revenus des projets et placements ainsi que les commissions de gestion.

Les ressources internes

Concernant les sources internes de financement de son activité, l'établissement va constituer son capital,

* soit sur la base d'un contrat de moucharaka : les actionnaires font partie de l'équipe dirigeante de la banque et disposent d'un véritable pouvoir de décision ;
* soit sur la base d'un contrat de moudaraba : l'équipe managériale, distinct de son actionnariat, se verra confier la gestion de la totalité des fonds.

Les fonds propres seront notamment complétés par la partie des profits engendrés par l'activité, mise en réserve par l'établissement.

Les fonds de participation

Il s'agit du capital initial (lors de la création) de la banque. Il peut être augmenté par l'émission de nouvelles actions. Ainsi, la contribution des membres fondateurs est la principale ressource de financement.

Il convient toutefois de ne pas écarter l'apport financier des ministères et d'un grand nombre d'organismes ou même celui de l'État. Concernant la Kuwait Finance House par exemple, le Ministère des Affaires religieuses contribue à hauteur de 9 %, le Ministère des Finances pour 20 %, celui de la Justice pour près de 20 %, la contribution privée s'élevant, quant à elle, à 51 %.

La réserve légale

Le Conseil d'Administration de la banque, en accord avec la loi du pays où se trouve l'établissement financier, fixe un pourcentage des bénéfices à mettre en réserve. Par exemple, l'article 8 des statuts de la Kuwait Finance House (« Bayt al-Tamweel al-Kuwaiti ») fixe la quote-part, versée à la Réserve légale, à 10 % des bénéfices nets.

La réserve générale

L'existence de ce compte est généralement préconisée par les membres fondateurs de la banque afin de consolider ses fonds propres.

Les profits

Les gains enregistrés par l'institution financière sont fondus en une masse dont un certain pourcentage est destiné à être partagé entre les déposants – actionnaires de la banque en fonction des termes de leur contrat.

AUTRES RESSOURCES

Comme toute institution financière, la banque islamique procède au financement de ses opérations commerciales notamment en s'appuyant sur une partie de ses bénéfices mais surtout sur les dépôts qui sont logés soit sur des comptes courants, soit sur des comptes d'épargne, soit sur des comptes d'investissement.

Pour ce qui concerne les fonds en provenance de tiers, ventilés en deux types de comptes, la banque va agir en tant que moudareb.

Les comptes courants

Ces comptes, semblables à ceux des banques conventionnelles, ne produisent aucun revenu. Les dépôts sont considérés comme « qard hassan » c'est-à-dire que la banque reçoit la permission de les utiliser à discrétion mais s'engage à retourner l'intégralité du dépôt à la demande. La valeur nominale du capital est donc garantie.

Les sommes collectées par le biais de ces comptes ne représentent qu'une infime partie des ressources des institutions islamiques. Elles sont également beaucoup moins élevées que celles récoltées par les établissements conventionnels.

Ces comptes offrent l'accès à toutes les opérations de banque (délivrance gratuite de chéquiers, services de transfert de fonds...).

Il arrive parfois qu'un client, jouissant de la confiance de sa banque, tire un montant supérieur au solde créditeur de son compte. En transformant ce découvert en prêt, la banque lui imposera, dès lors, des pénalités sur la somme prêtée. Bien que cette action présente, en théorie, un caractère illicite, elle peut revêtir une forme licite (même si l'emprunteur sait que la banque exigera de lui le paiement d'intérêts et qu'il sera dans l'obligation de les payer), dès lors que ce client accepte ce prêt avec l'accord d'un juriste (Moudjahid) ou de son représentant.

Par ailleurs, la prohibition de la rémunération d'un dépôt n'interdit pas d'effectuer un versement sur un compte rémunéré à la condition que le déposant n'ait pas l'intention de demander, à la banque, le paiement des intérêts au cas où elle ne le ferait pas. Mais si l'établissement financier accorde des intérêts, le client peut les accepter avec l'autorisation d'un juriste (ou de son représentant) au titre d'argent délaissé (« mâl majhul »).

Les comptes d'investissement

Ces comptes constituent la principale source de mobilisation de fonds de la banque. Ils sont proposés, de manière générale, à la clientèle privée fortunée et aux investisseurs institutionnels.

Ils peuvent être assimilés plus à des parts de société qu'à des dépôts d'épargne. Les détenteurs de fonds sont considérés comme des « actionnaires ». La banque, dès lors, ne garantit aucunement la valeur nominale et ne paiera aucun revenu fixe. Le seul accord contractuel entre l'établissement et le client se résume au partage des profits et des pertes[59] engendrés par la gestion des fonds. Toutefois, pour pouvoir dégager un certain revenu, la banque impose une période de blocage.

Les sommes engagées doivent respecter des critères d'investissement rigoureux, conformes à la loi musulmane. L'application de ces principes implique donc une gestion transparente des portefeuilles (le déposant est pleinement informé des projets dans lesquels la banque s'est engagée) et, en particulier, une nécessaire réduction de l'univers d'investissement.

À l'intérieur de cette catégorie, l'Accounting and Auditing Organisation for Islamic Financial Institutions (AAOIFI) distingue deux « sous-comptes » :

- *Les comptes d'investissement restreint :* en investissant dans un tel compte, le client impose des restrictions sur la manière dont son argent va être réinvesti. Par exemple, il peut interdire à la banque de placer la somme dans des transactions sans garantie, dans d'autres fonds… Les montants déposés sur ces comptes ne pouvant être mélangés à ceux de la banque, celle-ci établira un tableau distinct pour comptabiliser les mouvements intervenus sur de tels comptes.

- *Les comptes d'investissement non restreint :* le client laisse une totale liberté à la banque sur l'emploi de ses fonds, qui peuvent être combinés avec les propres ressources de la banque. Il recevra une partie des bénéfices engrangés. Généralement, ces fonds sont investis sur les marchés des métaux non précieux et produisent un rendement compris entre 2 % et 4 %.

---

59. Le client a droit à une fraction prédéterminée des profits mais ne bénéficie d'aucune compensation en cas de pertes. Celles-ci seront concrétisées par une dépréciation de la valeur nominale du montant initial.

Les fonds d'investissement de court terme :

Les sommes recueillies sur ces compartiments peuvent être engagées dans des secteurs d'activité spécialisés, investies sur des produits libellés en devises ou constituer une alternative aux dépôts et autres activités du marché monétaire, offerts par les banques traditionnelles.

L'horizon de ce véhicule est le court terme (un an renouvelable). Toutefois, certains produits se positionnent sur le long terme (non déterminé). Dans cette seconde occurrence, le détenteur d'un tel compte bénéficie d'une plus grande participation aux bénéfices.

Les fonds de leasing :

Le leasing est, du point de vue historique, à la base de la finance islamique. La spécificité de ces fonds repose sur la qualité et la diversification des actifs en location, à leur valeur résiduelle et à la plus-value générée par les baux.

Les fonds immobiliers :

Ces fonds sont constitués notamment des prises de participation dans des placements de fiducies immobilières mais également d'immeubles nouveaux ou existants, générant des revenus stables.

Les fonds de matières premières :

L'objectif de ces compartiments est d'offrir aux investisseurs qui le souhaitent une prise de risque sur les évolutions du prix des matières premières : pétrole, cheptel, grains, métaux industriels à l'exclusion de l'or et de l'argent.

Il convient de noter que le marché de la gestion de fortune islamique enregistre également, depuis quelques années, une très forte croissance. En sont le témoin, l'ouverture à Bahreïn de la banque islamique Noriba, filiale de l'Union de Banques Suisses (UBS), qui a suivi celles de Citigroup et de Dar al-Maal al-Islami alors que HSBC opère via sa filiale Amanah Finance à Dubaï (Émirats Arabes Unis). Eu égard à cet intérêt croissant des investisseurs musulmans et au regard de la nécessité d'avoir des références (benchmarks) qui permettent d'apprécier la performance des différents gestionnaires de fonds islamiques, une gamme d'indicateurs a été créée pour servir de référentiel à ces gestions « éthico-islamiques » (Dow Jones Islamic Market, FTSE Global Islamic Index).

Les comptes d'épargne

Enfin, certains théoriciens[60] placent, à côté de ces comptes, une autre catégorie : les comptes d'épargne, qui se différencient de ceux des banques traditionnelles par le fait que le détenteur d'un tel compte ne perçoit pas d'intérêt rémunérateur.

Le détenteur du compte autorise la banque à gérer ses fonds contre des frais de gestion – frais de moudareb – relatif à un fonds d'investissement, de court terme et à faible risque, auquel il participe. Bien qu'il n'ait aucun droit de regard sur la manière dont la banque gère ses fonds (le client n'est donc pas informé de la nature des investissements), celle-ci ne garantit au détenteur du compte ni son principal, ni un taux de rendement prédéterminé. Elle ne s'accorde avec lui que sur le partage des bénéfices, à un taux déterminé à l'avance ainsi que sur le partage des pertes, s'il y a lieu.

Ces comptes sont soumis à certaines restrictions en ce qui concerne les montants des retraits et leur périodicité. Il s'agit là, en fait, de comptes de dépôt à terme – durée allant de 1 mois à 5 ans – fondés sur le principe du partenariat (partage des profits et des pertes éventuelles). Si le détenteur du compte désire retirer tout ou partie de ses fonds, il faut qu'il informe la banque de son souhait d'effectuer cette opération dans un proche avenir (préavis, en général, de 1 mois). Si la somme est retirée avant terme et que le fonds a dégagé des profits entre la date d'investissement des fonds et la date du préavis, alors ces bénéfices seront reversés dans le fonds d'investissement au profit des déposants restants. En cas de pertes, le détenteur doit participer aux déficits.

Le compte de service social (fonds zakat)

La banque islamique a pour mission de gérer la zakat, tâche supplémentaire qui n'a pas d'équivalent dans l'activité de la banque conventionnelle. Elle a, dans ce cadre, pour mission essentielle de permettre aux personnes en difficultés financières de pouvoir subvenir à leurs besoins sans recourir à l'aide d'autrui.

Un poste : « gestion de la Zakat », spécifiquement prévu, à cet égard, dans le bilan, collecte[61] les dons des actionnaires de l'établis-

---

60. « Asian Pacific Economic Literature », M. Ariff, Islamic Banking, vol n°2, septembre 1988, pp 46-62.

61. Les fonds collectés peuvent atteindre parfois plusieurs millions de USD.

sement, des détenteurs de comptes, des employés et de toute autre personne désirant mandater la banque comme intermédiaire pour cette obligation. La banque se chargera du calcul et de la ponction du montant requis par la loi islamique sur les fonds qui lui ont été confiés (elle pourra prendre, à cette occasion, des frais pour ces opérations). En collaboration avec d'autres organismes spécialisés, le plus souvent avec l'État, elle réaffectera les sommes ainsi collectées aux bénéficiaires désignés.

Les autres services bancaires rémunérés

La banque islamique offre à sa clientèle tous les services bancaires classiques (opérations de change, encaissement et certification de chèques, ouverture et confirmation de crédits documentaires, location de coffre, achat/vente de devises...) mais aussi la création de sociétés filiales à des fins spécifiques, la communication de renseignements nécessaires au développement des affaires et de données économiques générales, financières et technologiques à la clientèle et à la communauté musulmane... Pour toutes ces opérations, elle veille à percevoir des commissions en rémunération de son service.

LES EMPLOIS

Les banques islamiques allouent la majeure partie de leurs ressources à des financements accordés aux tiers (emploi dominant), à des prêts sans intérêt, à des investissements et à des placements directs sur les marchés immobilier, de biens et services et boursier (marché des actions et non celui des obligations).

FINANCEMENT DE LA CONSOMMATION

Dans ce cadre, trois types de financement sont fréquemment utilisés :

- financement des dépenses d'équipement domestique par la vente à tempérament (mourabaha) ;
- financement du logement par la vente à tempérament, voire par le crédit-bail immobilier ;
- financement des dépenses de consommation courante par le prêt sans intérêt ou facilité de caisse gratuite (qard hassan).

Financement de la production

Quatre types de financement peuvent être rencontrés :

- financement des immobilisations essentiellement par la participation au capital sous forme d'association (moucharaka) ;

- financement de l'équipement par le leasing (mobilier), qui est une forme de financement légale sous certaines conditions ;

- financement du fonds de roulement et/ou de l'équipement par la vente à tempérament, et particulièrement la vente d'équipements selon la commande de l'acheteur donneur d'ordre (mourabaha) ou encore par le préfinancement (bai'salam) ;

- financement du fonds de roulement et/ou de l'équipement par le contrat de fiducie (moudaraba).

Au total, l'intervention de la banque portera :

- soit sur le financement direct de transactions commerciales (emprunts de faible montant, crédits à la consommation...) : mourabaha, ijara, istisna'a ou salam ;

- soit sur des opérations de type participatif (le prêteur dispose alors d'un droit de contrôle sur la sélection du projet) dans lesquelles les profits et les pertes sont partagés entre les parties engagées : moudaraba, mourachaka. Ces techniques d'investissement sont notamment utilisées lorsque la banque doit traiter avec des emprunteurs institutionnels (entreprises ou instances publiques).

Les états financiers

Principes comptables

La nature des techniques financières de la banque islamique a conduit à des divergences de fond dans l'appréhension de certaines grandeurs bilancielles. C'est pourquoi une redéfinition des éléments et des différents postes comptables a été entreprise par l'Accounting and Auditing Organization for Islamic Financial Institutions (AAOIFI).

Tout d'abord, la jurisprudence islamique appréhende un établissement bancaire comme une unité comptable différenciant propriétaires et apporteurs de capitaux, ce qui implique de bien identifier, dans toutes les activités et opérations, celles qui relèvent de la responsabilité de la banque de celle de ses actionnaires. Le fonctionnement d'une banque islamique est ainsi assimilable à un contrat de moudaraba [62], censé se perpétuer jusqu'à ce que l'une des parties contractantes décide de mettre fin à ce contrat. Dès lors, une banque est un courant continu d'activités dont il convient d'évaluer les flux, de la manière la plus adéquate et la plus « juste ».

Par ailleurs, les institutions islamiques ayant adopté la stabilité du pouvoir d'achat comme principe comptable d'une part, et l'Islam ne reconnaissant pas la valeur temporelle de la monnaie d'autre part, l'évaluation des actifs nécessite une valorisation périodique. L'AAOIFI suggère la pratique du « current cash équivalent ». Cette méthode, proche de la théorie de Chambers de la « comptabilité continuellement actuelle – CoCoA » (1966), consiste à évaluer les actifs en fonction du nombre d'unités monétaires que ceux-ci génèreraient s'ils étaient vendus au comptant (elle implique, toutefois, l'existence d'un marché assez large pour pouvoir valoriser, à tout moment, un actif).

Cependant, en dépit des efforts constants de l'AAOIFI pour promouvoir des normes comptables suffisamment standardisées, applicables par l'ensemble des institutions financières islamiques, ces dernières présentent un bilan décevant quant à la qualité de l'information financière qu'elles diffusent. La plupart d'entre elles n'obéissent qu'aux normes comptables nationales, lesquelles, en retour, s'inspirent, notamment dans les Pays du Golfe persique, des normes comptables internationales (International Accounting Standards – IAS).

Normes comptables appliquées par les banques islamiques

Banques	Pays	Normes comptables
Al Rajhi Banking & Investment Corp	Arabie Saoudite	International Financial & Reporting Standard (IFRS)
Kuwait Finance House	Koweït	IFRS avec quelques amendements locaux applicables à l'ensemble des banques (et pas uniquement aux banques islamiques).
Dubaï Islamic Bank	Émirats Arabes Unis	IFRS
Islamic Bank of Britain	Royaume-Uni	United kingdom Generally Accepted Accounting Principles
Bank Islam Malaysian Berhard	Malaysia	Normes d'audit comptable malaises

---

62. Les dépositaires de fonds sont considérés comme des « rabb al mal » et la banque comme « moudareb ».

Banques	Pays	Normes comptables
Qatar islamic Bank	Qatar	IFRS avec des restrictions pour les banques islamiques.
Shamil Bank	Bahreïn	Normes AAOIFI
Al Baraka Islamic Group	Bahreïn	Normes AAOIFI
Bank Muamalat	Indonésie	Normes d'audit comptable indonésiennes
Meezan Bank	Pakistan	IFRS avec quelques amendements locaux applicables à l'ensemble des banques (et pas uniquement aux banques islamiques).

Source : Rapports annuels – Standard & Poor's.

Or, ces IAS ne sont pas parfaitement adaptées à la spécificité des banques islamiques. Par exemple, elles ne répondent pas à la question de savoir si les comptes d'investissement doivent être traités comme des dépôts (au passif) ou bien, comme des éléments hors-bilan, assimilables à des fonds d'investissement sous mandat de gestion (relevant de l'activité fiduciaire de la banque).

Au total, les règles comptables qui prévalent pour les banques islamiques demeurent anarchiques [63] et les traitements comptables de certaines transactions peuvent différer de manière substantielle d'une banque à l'autre [64], générant un risque informationnel élevé pour qui entend mesurer le risque de solvabilité de ces institutions au demeurant bien typiques (en voulant effectuer notamment des comparaisons entre institutions, voire un contrôle pertinent de leurs rapports annuels).

LES DOCUMENTS COMPTABLES

Outre les états financiers (bilan, compte de résultats, annexe), la banque établit un rapport distinct reprenant la manière dont elle a collecté et redistribué les fonds de la Zakat et ceux destinés au Qard Hassan.

---

63. De surcroît, les concepts utilisés pour l'élaboration du bilan et du compte de résultat ne sont que rarement définis d'une manière rigoureuse.

64. Dans « Association Sets New Standards Regulation » (Financial Times, 26 octobre 2000), J. Drummond rapporte les propos du Dr. Rifaat qui explique, pour le cas d'un contrat de mourabaha, combien la disparité des méthodes comptables islamiques entre les différentes banques est grande : « En Jordanie, les banques islamiques enregistrent le profit des contrats de mourabaha d'une manière isolée. A Bahreïn, le profit est alloué sur toute la période du contrat. En Malaisie, les bénéfices sont enregistrés, à chaque fois, que les remboursements sont effectués et, au Soudan, le profit est seulement enregistré lorsque tous les remboursements sont effectués ».

Concernant le bilan, un élément classé à l'actif est considéré comme toute chose capable de générer, dans le futur, un flux positif soit par lui-même, soit par la combinaison avec d'autres actifs. Autrement dit, la banque enregistre, à l'actif de son bilan, les « biens » licites[65], qu'elle a acquis par investissement des fonds déposés sur des comptes d'investissement non restreint, ainsi que les flux engendrés par ceux-ci ne lui appartenant pas totalement[66].

Les éléments du compte de résultat sont, quant à eux, équivalents, dans la forme, à ceux de la comptabilité conventionnelle : on y retrouve les produits et les charges découlant de l'activité de la banque. Le résultat net de la période correspond à l'augmentation ou à la diminution nette des fonds propres résultant des revenus, dépenses, pertes et profits, après distribution de la part revenant aux détenteurs de comptes d'investissement non restreints.

A l'image du compte de résultats conventionnel, il existe également des « soldes intermédiaires de gestion » permettant de mesurer les performances de la banque. Ainsi, la banque islamique privilégiera le résultat avant distribution du revenu sur les comptes d'investissement non restreint et le résultat avant la Zakat et les taxes.

BILAN SCHÉMATIQUE

Actif	Passif
Immobilisations	**Capital** Ressources internes / externes
Devises	**Comptes courants** • dépôts pour lesquels aucun intérêt n'est servi. • comptes semblables à ceux des banques conventionnelles.

Créances de financement islamique
• avec partage des bénéfices et des pertes
  - moucharaka
  - moudaraba
	Comptes d'investissement
	• techniques de financement principalement utilisées : moudaraba et moucharaka.
	• partage des profits/pertes
	• capital non garanti

---

65. Si ce n'est pas le cas, il fera l'objet d'un classement particulier.
66. Cette définition de l'« actif » diffère de celle donnée par la comptabilité conventionnelle. Les nouvelles règles issues du règlement CRC 2004-6, désormais codifiées à l'article 211-1 du Plan Comptable Général, considèrent un actif comme « tout élément identifiable du patrimoine ayant une valeur économique positive pour l'entité » (c'est-à-dire un élément générant une ressource que l'entité contrôle du fait d'évènements passés et dont elle attend des avantages économiques futurs).

Actif	Passif

Créances de financement islamique
• Absence de partage des bénéfices et des pertes :
  - mourabaha
  - salam
  - istisna'a
  - ijara
	Comptes d'epargne
	• ces comptes financent essentiellement des projets à court terme, à faible risque.
	• possibilité, non garantie, de recevoir une rémunération lorsque la banque dégage des profits.

	Compte de service social (zakat) • compte alimenté par l'aumône légale perçue auprès des actionnaires, des déposants et des employés.
	Autres services rémunérés outre l'offre des services traditionnels, la banque propose divers services rémunérés (création de filiales, communication financière...)

Source : adapté de A.W. Haqiqi et F. Pomeranz : « Accounting Needs of Islamic Banking » in Advances in International Accounting 1, 1987.

RENTABILITÉ, LIQUIDITÉ ET SOLVABILITÉ [67]

LA RENTABILITÉ

Concernant leur rentabilité, les banques islamiques s'appuient sur de nombreux points forts.

Tout d'abord, de nombreuses institutions financières islamiques des pays du Golfe persique enregistrent un retour sur actifs et sur fonds propres plus stable et vraisemblablement plus élevé que celui des banques conventionnelles. Cette moindre volatilité est due principalement au principe de partage des profits qui préside à l'allocation de leur Résultat Avant Charges Financières (RACF). En effet, les charges financières des banques conventionnelles sont beaucoup plus rigides que celles qui impactent le résultat opérationnel des banques islamiques puisque le coût de refinancement de ces dernières est directement lié au rendement des actifs. Ainsi, le principe du partage du RACF joue le rôle d'amortisseur de chocs, et donc d'assurance sur les rendements du capital.

Ensuite, les taux élevés de rentabilité, dégagés régulièrement, par les établissements islamiques sont, pour l'essentiel, le produit combiné de deux atouts.

---

67. Cette partie a été inspirée par l'article de A. Hassoune : « Islamic Bank's Profitability in an Interest Rate Cycle », Arab Bank Review, Vol n°4, n°2, pages 54-58.

D'une part, ces derniers bénéficient, au niveau de leur passif, d'une rente de financement, résultat de l'exploitation d'une imperfection de marché : les banques jouissent, en effet, d'un avantage concurrentiel important qui réside dans le coût de leur refinancement. Celui-ci repose, essentiellement, sur des dépôts à vue non rémunérés (qard hassan) et sur des comptes à terme, dont la rémunération variable est fonction du rendement des actifs de la banque. Cette situation est renforcée par la remarquable fidélité des déposants vis-à-vis de leur établissement. Ainsi, cette rente de financement, assimilable à une subvention de la part de la clientèle, permet aux banques de réduire le coût de leurs ressources, de dégager des marges importantes et donc des profits substantiels.

D'autre part, ces institutions financières ont développé, notamment dans les pays du Golfe persique, une présence commerciale très solide sur le marché des crédits à la consommation. La très forte croissance des besoins en matière de consommation d'une population très jeune (équipement de la maison, loisirs, tourisme...) a contribué à l'essor de la banque de détail, et ce d'autant plus que le niveau de risque est peu élevé puisqu'une frange importante de la population relève de la fonction publique locale. Couplé à un refinancement au moindre coût, l'accent mis par les banques islamiques sur le marché « retail » leur assure, dès lors, de substantielles marges d'intermédiation.

LA LIQUIDITÉ

Depuis leur création dans les années 1960, la gestion des liquidités constitue une contrainte majeure des banques islamiques car, d'un côté, il n'existait, jusqu'à une période récente, aucune forme de marché secondaire sur lequel ces institutions pouvaient gérer leurs liquidités et d'un autre côté, leurs actifs, très spécifiques, sont difficilement négociables ou titrisables.

En outre, elles ne bénéficient pas, en principe, du soutien du « prêteur en dernier ressort[68]» dont les outils de pilotage sont des instruments de taux.

Enfin, ces banques sont de plus en plus sujettes à un risque de maturité. En effet, certaines d'entre elles (Golfe persique) ont dé-

---

68. Ce « prêteur en dernier ressort » a pour mission d'intervenir pour éviter qu'une crise conjoncturelle de liquidités ne se transforme en crise structurelle de solvabilité.

veloppé leurs capacités commerciales sur le terrain de financement de projet, ce qui a eu tendance à allonger la maturité moyenne des actifs tandis que le refinancement est resté essentiellement tributaire des dépôts à vue (court terme). L'exigence d'une bonne gestion actif-passif suppose un rallongement des maturités de passif. Or, les banques islamiques ont très peu de moyens à leur disposition pour rallonger la maturité des passifs sauf à gonfler leurs fonds propres, déjà relativement élevés, via l'émission d'obligations islamiques (soukouks) et des levées de fonds sous la forme de syndication conformes à la Chari'a. Mais ces dernières sont peu fréquentes et les comptes d'investissement, extensibles à l'infini.

En tout état de cause, la levée de la contrainte de liquidité qui pèse actuellement sur ces établissements est un de leurs défis majeurs. À cet égard, afin d'assouplir cette contrainte, le Marché financier islamique international (MFII) a été inauguré, en 2002 à Bahreïn, afin de développer et de standardiser des instruments destinés à améliorer la gestion de la liquidité des banques islamiques.

La solvabilité

En pratique, il est relativement ardu de déterminer si la qualité des actifs des banques islamiques est différente de celle des banques conventionnelles. Il existe, en effet, peu de données [69] disponibles concernant les actifs douteux portés par ces institutions, ce qui rend tout exercice comparatif délicat. Néanmoins, on peut penser que l'interdiction des opérations spéculatives conduit ces établissements à une moindre appétence pour les risques de marché.

Par ailleurs, concernant les opérations les plus risquées, le fait que ces établissements soient tantôt engagés dans le capital de l'entité financé (moucharaka), tantôt titulaires de certificats d'investissement (moudaraba) constitue, en théorie [70], une forte incitation à une surveillance rigoureuse du risque de contrepartie. Mais, étant donné que les pertes potentielles liées à des engagements effectués dans le cadre

---

69. Notons, par ailleurs, que le manque de données agrégées rend presque impossible la comparaison des banques islamiques d'un pays à l'autre. Il n'existe aucun chiffre sur le volume des activités transfrontalières de ces établissements. Quelques banques centrales (Bahreïn, Malaisie, Turquie) commencent toutefois à inclure dans leur rapport annuel quelques informations chiffrées.
70. En pratique, la majorité des engagements des banques islamiques sont ceux en moucharaka et en moudaraba, qui représentait en 2005, un peu moins de 20% (Source : Rapport 2005 moral sur l'argent dans le monde, Association d'Economie Financière).

du « partage des pertes et profits » ont vocation à être absorbées, en partie, par les déposants eux-mêmes et sachant que tous les engagements contractés par la banque islamique sont collatéralisés à 100 %[71] par des actifs tangibles, la consommation en fonds propres prudentiels afin de couvrir ce type d'engagement devrait être moindre.

Enfin, l'appréciation de l'adéquation des fonds propres d'une banque islamique doit non seulement tenir compte du degré de risque de chacun des portefeuilles d'engagement mais également de la clause du « partage des pertes et profits » de leur contrepartie au passif.

Au total, la banque islamique répond à des attentes populaires. Elle garantit une bonne rentabilité économique à l'échelle micro et macro-économique. Elle véhicule une attitude d'esprit nouvelle qui inscrit l'activité bancaire dans la sphère de l'économie réelle : contrairement à la banque traditionnelle où existe une relation créancier-débiteur entre le client et la banque, un déposant est, dans la finance islamique, un partenaire autorisant la banque à gérer ses fonds de manière optimale.

En dépit de certains atouts en matière de titrisation et de structuration de produits, il semble que les établissements islamiques soient désavantagés par rapport aux banques conventionnelles du fait de contraintes majeures que leur impose l'environnement « intangible » dans lequel ils opèrent.

---

71. Ce qui signifie qu'en cas de défaut d'un « débiteur », la banque islamique peut toujours, en principe, faire valoir une garantie.

Les techniques de financement

Les techniques de financement islamique bousculent, à la fois, notre conception traditionnelle du prêt et la place qu'occupe le prêteur dans ces schémas d'investissement.

Si les financements islamiques se voient interdire les rémunérations à caractère fixe et prédéterminé, rien ne s'oppose à la rémunération de l'argent prêté à condition qu'elle repose sur un partage équitable des risques et des bénéfices.

Le principe fondamental de la banque islamique repose sur la participation en risque dans l'objet du financement. La rémunération qu'elle perçoit se justifie par sa qualité de copropriétaire aux résultats du projet dont elle partage les pertes et les profits. Il en est ainsi des techniques de prises de participation : la moudaraba et la moucharaka.

Toutefois, la banque islamique est également amenée à fournir des prestations d'achat avec livraison différée (salam), d'achat suivi de revente de biens existants ou à construire (mourabaha, istisna'a) ou encore de crédit-bail (ijara). La marge bénéficiaire n'est ainsi considérée comme licite par la loi islamique que dans la mesure où elle est engendrée par une activité de vente, de participation, de location ou de fabrication.

Ainsi, loin de se cantonner dans la mission restreinte d'intermédiation financière, la banque islamique est associée dans les activités de création, de transformation et de commercialisation des richesses en tant que partie prenante à l'instar du concept de « banque-industrie » développé par certaines grandes banques occidentales, notamment allemandes.

Cette double vocation commerciale et financière est illustrée au plan juridique par l'existence de deux types de clauses dans les contrats de financement régissant l'établissement bancaire et ses partenaires :

- clauses financières, fixant le montant, la durée et les conditions générales d'utilisation et de renouvellement de la ligne de financement ;
- clauses commerciales, fixant les modalités de la transaction effectuée dans le cadre de la ligne de financement précitée.

Enfin, fréquemment qualifiées de banques participatives, les établissements financiers islamiques procèdent généralement par opérations triangulaires, avec comme acteurs, un bailleur de fonds, un promoteur et un fournisseur. Si les techniques de financement sont théoriquement simples, elles peuvent devenir complexes puisque certaines banques combinent des éléments de plusieurs instruments pour répondre aux demandes de leur clientèle[72].

Diverses formes juridiques[73] sont, de ce fait, employées pour apporter des capitaux, assimilables à des fonds propres ou à des quasifonds propres, sur la base du partage des bénéfices et des pertes. Viennent ensuite des financements d'opérations commerciales, assimilés à des instruments de dette.

LE FINANCEMENT PARTICIPATIF

LA MOUDARABA

La moudaraba est un des principes fondamentaux de l'activité économique islamique, applicable à tous les secteurs. Il s'agit généralement de contrats de long terme qui établissent une relation de solidarité entre la banque et son client.

Ces contrats sont conclus entre un ou des investisseurs, propriétaires du capital (rabb al mal) et un entrepreneur-manager (moudareb) qui assure le travail nécessaire pour utiliser ces fonds.

L'idée de base qui sous-tend ce type de contrat se résume à la nécessité de partager le capital de l'investisseur et l'expertise du moudareb, qui peut être une personne morale. Il s'agit, in fine, de mettre à égalité le capital humain et le capital financier.

---

72. Suit donc un exposé non exhaustif des principaux mécanismes utilisés par les institutions financières islamiques.
73. La description des différentes techniques de financement s'appuie notamment sur l'article de Michèle El Khoury.

Description de l'opération

La banque, en sa qualité de financier, remet les fonds, tel un commanditaire, à un moudareb (commandité) afin qu'il les investisse dans un projet spécifique nécessitant un savoir-faire particulier. Ce mode de financement peut être général, c'est-à-dire effectué à travers un pool financier ou limité à un projet bien défini.

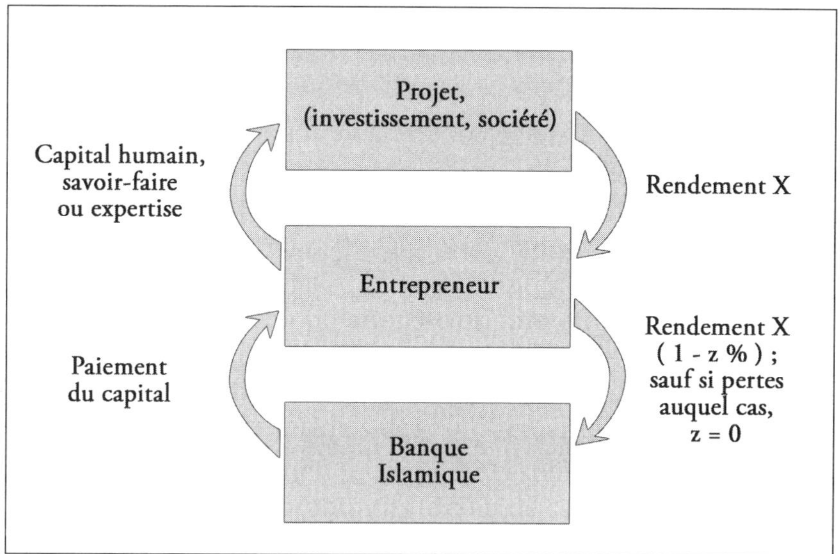

(Schéma extrait d'une intervention de Standard and Poor's – 16 mai 2007).

La moudaraba peut être assimilée à une commandite simple ou par actions. La responsabilité de la conduite de la gestion de l'activité repose entièrement sur le gestionnaire (moudareb), sans aucune possibilité d'immixtion de la part de l'investisseur, sauf consentement préalable du moudareb. Dans les contrats bancaires, ce dernier peut être soit une banque, soit un client d'une banque.

Les bénéfices engendrés par l'investissement seront partagés entre les deux parties : la quote-part de bénéfice revenant au moudareb – qui ne reçoit pas de salaire – constitue son unique source de revenu, ce qui l'incite à gérer le capital reçu de manière optimale. La banque, quant à elle, perçoit une fraction des bénéfices réalisés pendant une certaine période, en plus du remboursement du capital.

Les pertes éventuelles seront supportées exclusivement par la banque en sa qualité d'investisseur[74], le client ne perdant que la valeur de

---

74. La responsabilité de l'investisseur est limitée toutefois au montant de la somme investie.

son travail (du fait que l'entrepreneur – moudareb – gère l'opération en apportant son savoir-faire, son temps et son effort, il ne partage pas la perte au motif qu'en Islam, on ne peut faire de perte sur une chose à laquelle on n'a pas contribué). En ce sens, la moudaraba diffère de la commandite telle qu'organisée par le droit français[75].

Conditions de conformité

La nature du projet doit respecter les prescriptions de la Chari'a.

Le contrat

Le capital investi dans le contrat doit correspondre à un apport en capital. S'il s'agit d'un capital physique, il doit être clairement évalué dans le contrat avec l'accord des deux parties contractantes.

Le ratio, fixe et prédéterminé, selon lequel les profits sont distribués, le montant du capital investi et la nature du projet doivent être définis de manière détaillée dans le contrat.

En dehors des cas de violation de contrat ou de négligence, le moudareb n'a pas à garantir ni le capital investi, ni la réalisation d'un profit.

Les risques encourus

A l'occasion de ce type de financement, si la banque engage ses propres fonds, elle agit en qualité d'investisseur. Si elle engage les sommes déposées par sa clientèle[76], elle agit en tant que mandataire pour le compte de ses déposants dès l'instant du dépôt des fonds jusqu'au moment où les sommes seront remises au moudareb. A la signature de la moudaraba, la banque aura simultanément la qualité de moudareb vis-à-vis des déposants et d'investisseur à l'égard du gestionnaire qu'elle aura choisie. Toute perte résultant d'une mauvaise gestion des

---

75. Certains auteurs contestent l'assimilation de la Moudaraba à une société en raison de l'absence d'affectio societatis entre le moudareb et le raab el mal, contrairement à ce qui pourrait exister entre le commandité et le commanditaire (Cf. Jacques B. Heinrich, « Les principaux contrats de financements utilisés par les banques islamiques », Revue Banque, n°478, décembre 1987). Toutefois, si le principe de non-immixtion du raab el mal (commanditaire) dans la gestion de l'activité demeure, celui-ci peut néanmoins disposer d'un droit de regard, voire de participation à l'activité dans une certaine mesure, sous réserve de l'accord préalable du moudareb. Sans aboutir à une entière égalité de droit, la présence d'un affectio societatis ne semble pas pour autant devoir être totalement exclue.

76. Il est également envisageable que la banque utilise conjointement ses fonds propres et les sommes déposées auprès d'elle par ses clients. Il s'agira d'une moudaraba à deux niveaux (« two tier moudaraba ») où elle agira simultanément en tant qu'investisseur et moudareb selon le cas.

fonds sera supportée par les clients investisseurs de la banque. L'établissement financier sera néanmoins tenu comme responsable des déficits résultant d'une mauvaise gestion dans l'hypothèse où il aurait été négligent dans le choix du tiers-moudareb. Sa principale sanction sera la dégradation de son image auprès du public.

Afin de réduire le risque d'un partenariat passif, la banque se réserve le droit de superviser la gestion de l'opération entreprise par le moudareb, ce qui nécessite une connaissance plus ou moins approfondie du projet dans lesquels les fonds sont investis. Une banque islamique assume, de ce fait, un risque de solvabilité plus limité qu'une banque de droit commun du fait qu'elle ne garantit pas le capital des déposants qui serait investi dans ce cadre.

En définitive, la moudaraba est un mode de financement très risqué dans la mesure où la banque ne peut compter que sur l'intégrité et la compétence de son partenaire. La confiance (al-wadiah) joue donc un rôle prépondérant dans cet instrument financier. De plus, le retour sur investissement potentiel est non seulement en jeu mais également l'intégrité du capital.

Assimilable à une forme de capital-risque (private equity), ce contrat comporte une distinction claire entre le bailleur de capitaux et le gestionnaire qui a la haute main sur son projet. Ce dernier détient les fonds en fiducie ou en trust puisque d'une part, il gère ces fonds en toute liberté (dans la limite de la moudaraba) et d'autre part, il n'est pas le propriétaire ordinaire des fonds puisqu'il ne répond pas des pertes qui pourraient résulter d'une mauvaise gestion de ces fonds. Cette configuration conventionnelle des pouvoirs et de la responsabilité du moudareb marque la nature fiduciaire de ce contrat qui peut se présenter sous deux formes :

- restrictif dans la mesure où le contrat porte sur une opération précise ;
- non restrictif ou illimité lorsque le gestionnaire des fonds n'est pas tenu d'informer les investisseurs des projets qu'il entreprend.

Aujourd'hui, peu adapté aux financements de projets, ce mécanisme est généralement utilisé pour mettre en place un fonds d'investissement destiné à financer diverses activités, en particulier celles que le droit français réglemente de manière ponctuelle (titrisation, fonds communs de placement), la fiducie ne faisant pas, à ce jour, partie de l'arsenal juridique français.

LA MOUCHARAKA

La moucharaka est une association entre deux parties (ou plus) dans le capital d'une entreprise, projet ou opération moyennant une répartition des résultats (pertes ou profits) dans des proportions convenues.

Elle est, formellement, une société en participation, dotée de la personnalité morale, constituée par la banque et son client en vue d'un projet spécifique. Elle peut prendre la forme d'une société de personnes ou de capitaux (les parties optent, en général, pour la société de capitaux afin que leurs risques et responsabilités soient limités au montant de leur participation). La gestion est, en principe, confiée à l'ensemble des associés (« moucharikoun »). Cette situation de cogérance peut être écartée si certains sociétaires abandonnent ce pouvoir de gestion.

DESCRIPTION DE L'OPÉRATION

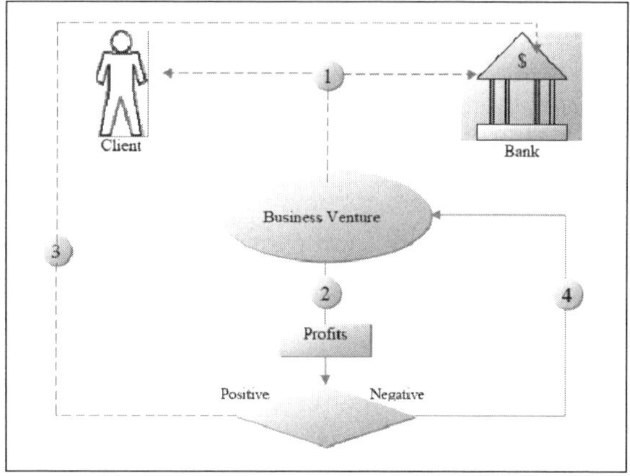

Les deux parties, ayant souscrit au capital de cette « business venture » (co-entreprise), participent aux pertes et profits de celle-ci proportionnellement à leurs apports respectifs (on est proche du concept de « tour de table » avec des industriels et des financiers). Toute convention visant à garantir, à l'une des parties, la récupération de son concours indépendamment des résultats de l'opération est donc nulle et non avenue.

Toutefois, la clé de répartition peut ne pas être représentative de la distribution du capital. Tout « sleeping partner » (investisseur passif), ayant abandonné son droit de gestion, ne pourra, dès lors, prétendre à une rémunération supérieure à sa participation dans le capital.

Conditions de conformité

L'apport de chaque partie doit être disponible au moment de la réalisation de l'opération (si ces apports sont égaux, les privilèges identiques et le ratio de profit semblable, nous sommes en présence d'une « moucharaka moufawadah ». A contrario, si les associés possèdent des droits différents et une répartition de bénéfices différenciée, la participation possède une structure dite « inan »).

La quote-part de la banque consiste généralement en l'émission d'une garantie bancaire (aval, crédit documentaire, lettre de garantie, caution sur marché…). Toutefois, la Chari'a autorise la moucharaka dans des opérations bénéficiant de différés de paiement à condition que chacune des deux parties assume une partie de l'engagement vis-à-vis du/des fournisseur(s) (« charikat woudjouh »).

Le contrat

Le capital investi peut être financier, humain ou technique. Dans chacun des cas, il doit être clairement défini et évalué dans le contrat.

La clé de répartition des bénéfices entre les deux parties doit être explicitement arrêtée lors de la conclusion du contrat afin d'éviter toute cause de litige. Le partage des profits ne peut avoir lieu qu'après la clôture de la moucharaka (pas d'anticipation des résultats). Des avances peuvent être néanmoins prélevées d'un commun accord entre les parties concernées, à charge de régularisation à la clôture du contrat ou de l'exercice selon le cas.

Chaque partenaire assume les pertes à hauteur de sa participation dans le capital. Aucune dérogation ne peut être acceptée[77].

Les risques encourus

La banque n'a le droit de réclamer le remboursement de son apport que dans les cas de violation par son partenaire d'une clause

---

77. Dans le cadre des contrats de moudaraba et de moucharaka, la banque islamique, ne bénéficiant pas de sûretés personnelles de la part de ses clients, elle ne peut compter que sur une réalisation et une exploitation efficaces du projet. Sa seule garantie réside dans la qualité des actifs du projet et dans la capacité de celui-ci à générer, sur la période de financement, les revenus nécessaires au service de la dette. La recherche d'un équilibre entre les parties prenantes exige donc des banques islamiques une expertise particulière en évaluation d'actifs, en diagnostic de projet et en ingénierie juridique et financière.

quelconque de la moucharaka, de négligences graves dans la gestion de l'affaire (par référence aux règles usitées en la matière), et des cas de mauvaise foi, de dissimulation, d'abus de confiance et d'autres actes similaires. Elle peut cependant requérir de la part de son partenaire la constitution de garanties (hypothèque) qu'elle ne peut faire jouer que dans l'un des cas des actes mentionnés.

L'institution financière est autorisée à participer à la gestion de l'entreprise : bien qu'il puisse ne pas faire usage de ce droit, l'établissement financier pourra se faire représenter au sein du Conseil d'Administration de la société afin d'assurer un certain contrôle de l'activité.

La moucharaka se présente, le plus souvent, sous forme d'une contribution au financement de projets ou d'opérations ponctuelles proposés par la clientèle. Comme dans la mourabaha, ce financement peut se faire avec ou sans décaissement. Cependant, elle peut également revêtir des formes plus élaborées. En tout état de cause, cette contribution se réalise suivant l'une des deux formules ci-après :

La Moucharaka Sabita (participation fixe ou permanente)

La banque et le client demeurent partenaires jusqu'à l'expiration du terme du contrat de moucharaka qui, en pratique, coïncide avec l'achèvement du projet financé. Ainsi, perçoit-elle régulièrement sa part des bénéfices en sa qualité d'associé copropriétaire.

Il s'agit, pour l'institution financière, d'un emploi à moyen ou long terme de ces ressources stables (fonds propres, dépôts participatifs affectés ou non…). L'apport de la banque peut revêtir la forme d'une prise de participation dans des sociétés déjà existantes, d'un concours à l'augmentation de leur capital social ou la contribution dans la formation du capital de sociétés nouvelles (achat ou souscription d'actions ou de parts sociales).

Ce type de moucharaka correspond dans des pratiques bancaires classiques aux placements stables que les banques effectuent soit pour faciliter la création d'entreprises ou tout simplement pour s'assurer le contrôle d'entreprises existantes.

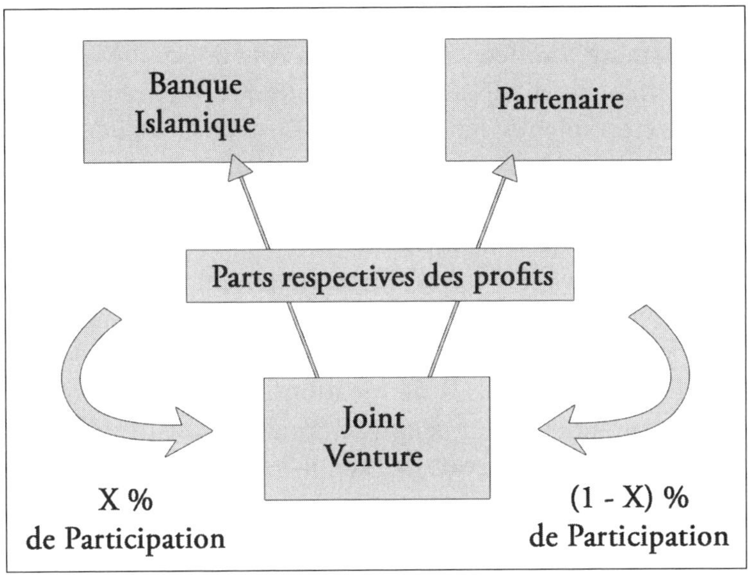

(Schéma extrait d'une intervention de Standard and Poor's – 16 mai 2007)

La Moucharaka Moutanakisa (participation dégressive)

La banque se retire de la société en fonction de l'avancement du projet et de l'aptitude du promoteur à générer des fonds suffisants pour assurer, à la banque, le paiement d'un montant équivalent à sa participation et à la fraction des bénéfices lui revenant (équivalent islamique d'un remboursement échelonné de prêt). L'établissement financier récupère ainsi progressivement ses fonds, grâce aux profits réalisés, et se désengage de l'opération de telle manière que le client devient, au final, le propriétaire unique du projet.

Cette formule s'apparente aux participations temporaires dans la pratique bancaire classique (on se rapproche du portage). Elle permet aux banques d'accorder aux titulaires de marchés publics (ou autres) des avances sur marchés moyennant un partage de la marge dégagée sur les coûts de réalisation. Les paiements se feront au vu de situations de travaux appuyées de toutes pièces justificatives probantes. Le prélèvement se fera sur les versements effectués par le maître de l'ouvrage en vertu des clauses de l'acte de nantissement de marché à requérir systématiquement dans ce genre d'opérations.

Le financement par moucharaka, de par sa souplesse et sa vocation participative, présente plusieurs avantages tant pour la banque que pour les opérateurs économiques.

Pour l'établissement financier, cette formule offre des opportunités de placement à moyen et/ou long terme de ses ressources. Elle peut constituer de la sorte une source de revenus réguliers et importants susceptibles de lui permettre d'assurer à ses déposants et à ses actionnaires un taux de rémunération relativement intéressant. Outre le financement à caractère ponctuel d'opérations commerciales à court terme (en particulier lors de la revente en l'état ou d'import-export) et les prises de participation, la moucharaka se présente également comme une forme de crédit à long et moyen terme. À ce titre, elle constitue le mode de financement le plus adapté au besoin des cycles de création et de développement des entreprises aussi bien pour ce qui relève de la constitution et/ou de l'augmentation du capital que de l'acquisition et/ou de la rénovation des équipements.

Aussi, les concours par moucharaka sont-ils très sollicités :

- d'une part, pour la création de petites et moyennes entreprises sous forme de sociétés de diverses formes (SARL, SNC...) et,

- d'autre part, pour les besoins de financement des petites entités aussi bien du secteur de l'artisanat, que ceux de l'hôtellerie, de la restauration et autres types d'activités[78].

Concernant les acteurs économiques, le principe de partage du risque fait de la moucharaka une source de financement attrayante. Le client – partenaire reçoit une part de profit en rémunération de son travail, qui dépend de son expertise et de son travail effectif dans l'affaire variant, en général, entre 20 et 60 % du profit total. Le reste est réparti entre lui et la banque en proportion de leurs apports en capital (le montant des capitaux requis dépend de la connaissance qu'a l'établissement financier des compétences de son client : plus ces compétences seront reconnues, plus la participation de la banque pourra être importante, en général de 50 à 65 %). La rémunération de la banque, loin de constituer une charge financière fixe, est une contribution variable directement liée au résultat d'exploitation. En cas de résultat déficitaire, non seulement la banque ne peut prétendre à une quelconque rémunération, mais elle est

---

78. Ces activités, en dépit de leur faiblesse en matière de garanties et de ressources financières, présentent en contrepartie un intérêt culturel certain. Ces secteurs bénéficient, le plus souvent, d'avantages fiscaux et d'une demande stable et fidèle qui compensent largement les inconvénients.

également tenue d'assumer sa quote-part dans la perte du fait de sa qualité d'associé. C'est dire toute l'importance de l'étude du risque et de rentabilité des projets et opérations proposés pour ce type de financement.

Certains pays africains de vieille tradition bancaire musulmane ont favorisé le développement de banques spécialisées dans le financement de ce type d'activités et fonctionnent de manière participative (les banques populaires).

Au total, la moucharaka constitue un véhicule de « financement participatif actif » souple auquel les établissements financiers pourraient faire appel dans le cadre de montages variés (cf. joint venture). Elle se fonde tant sur la moralité du client et sur la relation de confiance existant entre les parties que sur la rentabilité du projet. Agissant en qualité d'actionnaire, la banque, pour assurer sa pérennité, étendra sa clientèle et lui proposera des services de conseil et d'accompagnement en gestion.

Néanmoins, cette forme de financement est relativement peu employée car le système de participations croisées dans le capital du client et de la banque est complexe à mettre en place mais aussi très risqué.

Contrat de prêt immobilier
Moucharaka dégressive Et Ijara

<table>
<tr><td>Le client et le banquier s'associent
au sein d'une joint-venture (co-entreprise) pour acquérir le
bien immobilier et en deviennent propriétaire.</td></tr>
</table>

<table>
<tr><td>La participation de la banque dans la copropriété est divisée
en parts. Le client peut racheter les parts de la banque
périodiquement sur une base déterminée régulièrement.</td></tr>
</table>

Le client paiera des mensualités à la banque qui correspondront pour une part, à des loyers et pour une autre part, au rachat de la part de la banque en fonction de la quote-part de chacun dans le montage.

La lutte contre la pauvreté passe notamment par le développement de petites structures grâce aux techniques de financement : moudaraba, moucharaka mais aussi MOUZAR'AH. Cette formule s'apparente à une moudaraba relative à l'exploitation d'une ferme (métayage) dans laquelle la banque peut fournir l'exploitation agricole ou les fonds nécessaires à son achat. L'établissement financier reçoit en contrepartie une part des recettes tirées des récoltes.

LES INSTRUMENTS DE QUASI-DETTE

L'IJARA

Cette technique de financement s'apparente, mais n'est pas complètement assimilable, au leasing des banques de droit commun (contrat de location de biens assorti d'une promesse de vente au profit du locataire). Elle finance généralement les investissements (mobiliers et immobiliers) de maturité moyenne ou longue. Son terme est donc supérieur à celui de la Mourabaha.

Description de l'opération

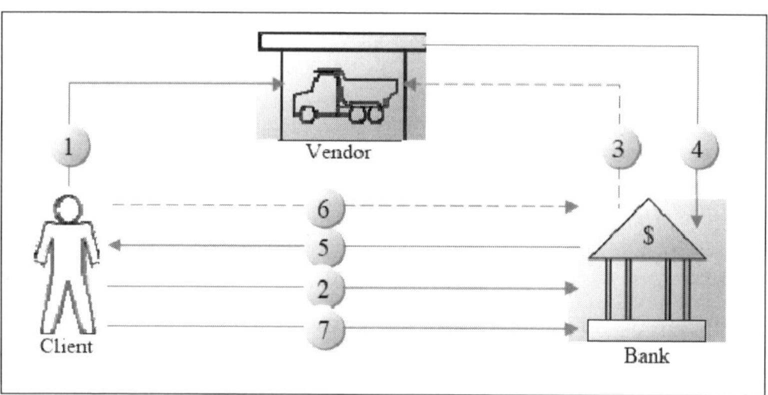

Cette technique fait intervenir, en principe, trois acteurs principaux :

- le fournisseur (fabricant ou vendeur) du bien ;
- le bailleur (en l'occurrence, la banque qui achète le bien pour le louer à son client) ;
- le locataire qui loue le bien en se réservant l'option de l'acquérir définitivement au terme du contrat de location.

Sur le plan formel, la banque ne peut donner au client une option d'acheter la chose louée au cours de la location ou à l'échéance. La doctrine estime, en effet, que l'option accordée au locataire serait entachée d'un aléa. Dès lors, la marge de manœuvre laissée à l'entrepreneur quant à l'option finale lui permet de décider, au moment opportun, du choix le plus approprié en fonction de la situation et des besoins de son entreprise. Aux termes du contrat de location, quatre cas de figure peuvent ainsi se présenter pour le client :

- soit il restitue le bien ;
- soit il acquiert. Le contrat de vente, distinct du premier, ne peut être signé qu'à la fin de la période de location ;
- soit il opte pour une seconde location du bien (renouvellement du contrat de crédit-bail ;
- soit il est tenu, dès la conclusion du contrat, d'acquérir le bien. La convention est alors structurée comme un contrat de location-vente (AL IJARA WA IKTINA) dans laquelle chaque loyer versé comprend une partie du prix d'achat du bien loué. Les versements complémentaires effectués par le client locataire seront logés dans un compte d'épargne. Les profits résultant éventuellement de la gestion des fonds déposés sur ce compte seront, à l'échéance, affectés par le client au paiement du prix d'achat de la chose louée.

Contrat de prêt immobilier
Ijara Wa Iktina

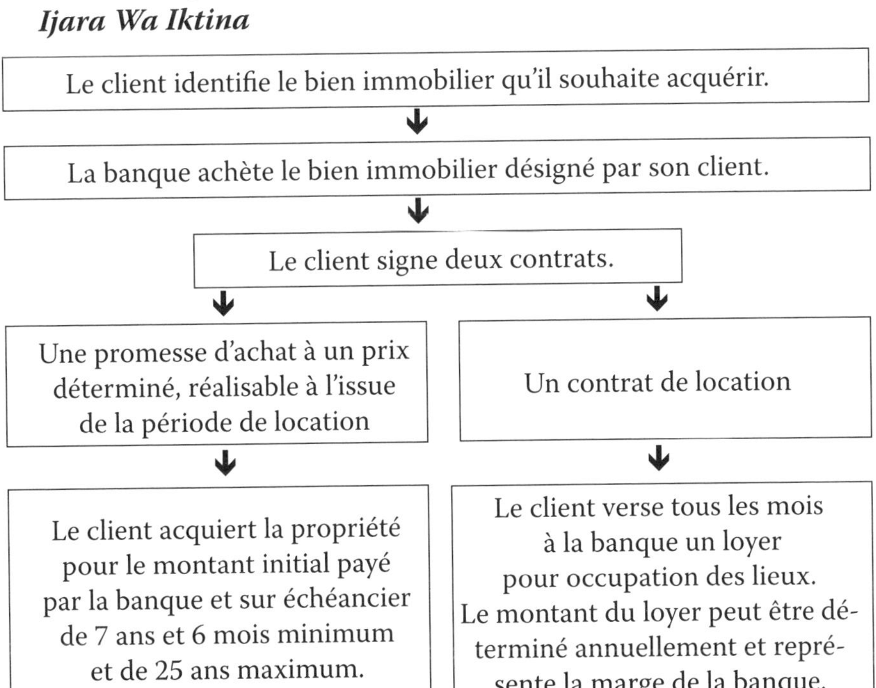

Il convient de conclure le contrat de location avant de pouvoir transférer le bien par le biais d'un contrat de vente. C'est l'une des raisons pour lesquelles le leasing conventionnel n'est pas pratiqué par les banques islamiques car celui-ci lie, au sein d'un même contrat, une location et une vente.

Remarquons que dans un soukouk, les contrats d'Ijara sont utilisés. Le vendeur et l'utilisateur final du sous-jacent sont la même entité économique (lease-back). Les loyers périodiques servent de sources de paiement périodiques aux détenteurs de soukouks, via un SPV (Special Purpose Vehicle).

Conditions de conformité

La propriété de la chose doit rester entre les mains de celui qui donne le bien en location et que seul, l'usufruit soit transmis au client. Les objets qui n'ont pas d'usufruit ne peuvent donc pas être loués. Par conséquent, seuls les biens durables (non destructibles du fait de la jouissance ou de l'utilisation c'est-à-dire biens d'équipement et de transport – bateaux, wagons de chemin de fer...-, bâtiments...) à la différence de l'argent, l'essence, la nourriture... sont concernés par ce type de contrat.

Tandis qu'un retard de paiement de loyers, dans le cadre d'une location conventionnelle, entraîne des intérêts de retard, cette occurrence est interdite dans le cadre d'une Ijara en vertu du principe de la prohibition des intérêts.

Le contrat

La valorisation de l'objet du contrat, le prix de sa location, sa durée, le délai de paiement, le montant du loyer (payable d'avance, à terme ou par tranches) et la périodicité doivent être connus et acceptés par les deux parties. Toutefois, les co-contractants peuvent convenir, d'un commun accord, d'une possibilité de révision du loyer, de la durée de location ou de toutes autres clauses du contrat. Par exemple, concernant le loyer, il n'est pas nécessaire que celui-ci soit déterminé à l'avance pour toute la durée de la location. Les parties peuvent convenir qu'il sera périodiquement revu et ajusté par un expert. Sa révision sera effectuée de sorte qu'il demeure en harmonie avec les prix du marché.

La destruction ou la dégradation du bien loué d'un fait indépendant de la volonté de l'utilisateur n'engage la responsabilité de ce dernier que s'il est établi qu'il n'a pas pris les mesures nécessaires pour la conservation du bien avec le soin d'un « bon père de famille ». Néanmoins, sauf convention contraire, il incombe à la banque d'effectuer tous travaux d'entretien et de réparation nécessaires au maintien du bien loué dans l'état de servir à l'usage auquel il est destiné. De même, elle supporte toutes les charges locatives antérieures au contrat de location. L'utilisateur assure, quant à lui, l'entretien d'usage du bien loué, de même que l'ensemble des charges locatives nées à compter de la date de location.

Il n'est pas nécessaire que ces trois parties interviennent. En effet, la banque n'est pas tenue d'acheter l'objet du contrat à une tierce personne pour la louer au client. Elle pourrait, par exemple, louer un bien acquis à son propre vendeur à condition que la vente soit réelle et non fictive (technique assimilable au « lease-back »).

Sauf convention contraire, le bien loué peut faire l'objet d'une sous-location.

Les risques encourus

Au cours de la période de location, la banque demeure propriétaire de la chose louée, ce qui lui confère une garantie similaire à celle d'un crédit-bailleur dans le cadre d'un crédit-bail. Elle supporte les risques du propriétaire tandis que le locataire ne supporte que les risques d'utilisation de la chose louée.

L'Ijara se distingue cependant des contrats de leasing ou de location conventionnelle. En effet, dans ces contrats, le locataire est, en principe, tenu de payer des loyers, même dans l'hypothèse où la chose louée est rendue impropre à l'usage. Dans l'Ijara, si la chose louée est rendue impropre à l'usage pour lequel elle a été louée, il est généralement enseigné que le client est déchargé de son obligation de payer les loyers. C'est la raison pour laquelle la banque tend à se protéger contre le risque de voir la chose louée détruite (et donc de ne plus être revendue pour des raisons indépendantes de la volonté du client) en obtenant l'engagement du client à utiliser la chose louée conformément à des conditions convenues à l'avance, et en se réservant le droit d'inspecter la chose louée de manière périodique afin de vérifier que le client respecte son engagement.

Néanmoins, afin de couvrir l'ensemble des risques liés à sa qualité de propriétaire, la banque souscrit, en général, une police d'assurance. Afin que celle-ci soit admise, il faut que l'établissement financier la souscrive en son nom propre et qu'elle paie, elle-même, les primes d'assurance. En fait, la banque se fera rembourser ces sommes en incluant les droits d'assurance dans le montant des loyers à payer par le client locataire. Ainsi, ces loyers seront-ils calculés de manière à couvrir tous les risques et les frais qui pourraient être à la charge de la banque.

Au total, la proximité des caractéristiques du crédit-bail avec les principes de la finance islamique fait de ce mode, une formule privilégiée par ces banques dans le financement des investissements. Il procure, en outre, à l'établissement bancaire, une solidité de la garantie du fait de son statut de propriétaire du bien loué.

La possibilité de recourir au crédit-bail, combinée à d'autres outils, a ainsi servi de fondement à de nombreux montages complexes, en particulier dans l'immobilier aux États-Unis. Outre ce secteur, les opérations d'Ijara sont fréquemment rencontrées dans les branches de la machine-outil et dans les transports routier et aérien. Des compagnies aériennes comme Emirates Airlines (90 millions USD), Malaysia Airlines (100 millions USD)… ont eu recours à ce type de financement via la Kuwait Finance House.

Cette technique est également apparue, malgré les spécificités opérationnelles qu'elle implique, comme le meilleur moyen pour s'intégrer à des projets qui comprenaient des financements commerciaux à taux variables. En effet, bien que les échéances de loyer soient fixes, l'opération ne portant pas sur des sommes d'argent mais sur des actifs immobiliers ou mobiliers, il semble possible, à l'instar d'un financement classique, de prévoir licitement des ajustements de rémunération qui ont les mêmes effets que les taux variables.

Remarquons, cependant, qu'un certain nombre de docteurs de la loi islamique ont approuvé des contrats de bail portant sur des actifs futurs (généralement désignés par « Ijara Mawsufah Fi Al Thima » ou « Ijara Fil Thimma »). Ils permettent ainsi le versement d'une rémunération (sous forme de pré-loyers) aux financiers au cours de la phase de construction.

Il est alors nécessaire, si la livraison de l'actif financé n'a jamais lieu (et donc que le preneur à bail n'obtienne pas le bénéfice du bien devant être loué), que les loyers versés, par avance, par la société de projet/preneur à bail soient remboursés par les financiers ou que ces derniers puissent opérer une compensation entre la créance de remboursement des pré-loyers et des dommages et intérêts dont la société de projet est redevable du fait de son manquement à son obligation (aux termes du contrat d'entreprise) de livrer l'actif.

La joaalah

Il s'agit des frais/commissions/honoraires qu'un loueur de services est prêt à payer au prestataire dudit service. Contrairement à l'ijara dans lequel une personne précise fait un travail indiqué, quiconque peut, dans la joaalah, effectuer le travail demandé même s'il n'en a pas les compétences. Une fois sa tâche acquittée, le prestataire a droit à une rémunération.

LES INSTRUMENTS DE DETTE

La mourabaha

Technique de financement de court terme (3-6 mois en général), la mourabaha permet aux établissements bancaires de financer, dans le respect de leurs principes, les besoins d'exploitation de leur clientèle (stocks, matières, produits intermédiaires). Elle est également très employée dans le financement d'opérations de commerce international comme véhicule ad hoc (achat de matières premières).

Description de l'opération

Trois acteurs interviennent :

- le client, donneur d'ordre ;
- l'autre partie contractante (généralement une banque) ;
- le fournisseur de biens ou de matériaux.

Plutôt que de contracter un crédit directement à la banque, le client charge celle-ci de lui trouver et d'acheter un bien à une tierce partie. L'établissement va acheter ce bien à un certain prix et le revendre au client au prix d'acquisition auquel est ajoutée une marge bénéficiaire [79], fixée au préalable (« al bay'ou bi ribhin ma'loum »). Le délai de remboursement est en fonction des liquidités générées. Le paiement par l'acheteur – emprunteur peut être échelonné (versements réguliers) ou exigible à terme échu.

---

79. La différence entre ces deux sommes correspond aux commissions, frais, intérêts que percevrait une banque de droit commun. La commission appliquée tient compte généralement de la rentabilité de la marchandise pour le client (plus elle sera forte, plus la marge prélevée par la banque sera importante), de son degré de nécessité pour un « consommateur moyen » (ainsi, la marge sur les produits alimentaires de première nécessité sera plus faible que pour d'autres biens), de la provenance des marchandises : locale ou importée (marge supérieure dans ce cas, liée à un degré de risque plus grand).

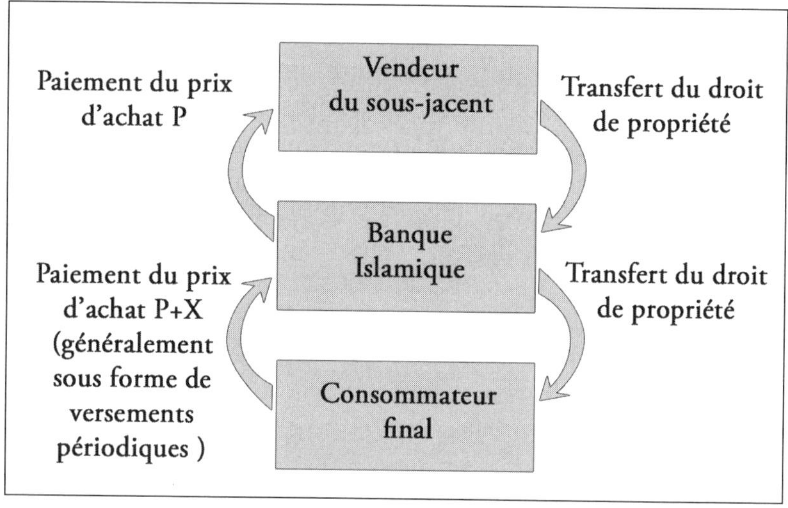

(Schéma extrait d'une intervention de Standard and Poor's – 16 mai 2007)

Trois opérations sont réalisées simultanément :

* une promesse d'achat du client ;

* une promesse de vente à la banque ;

* un contrat de vente avec bénéfices, après l'entrée en jouissance de la marchandise par l'acheteur.

Ce type de transaction a été réalisé, pour la première fois dans le secteur de l'aviation, en 1995, entre la Pakistan International Airlines (PIA) et la Islamic Investment Company of the Gulf (IICG, Bahreïn) dans le cadre d'un programme de financement pour l'achat de kérosène. La compagnie aérienne achetant généralement son carburant au comptant, le financement par mourabaha lui a permis d'allonger les délais de paiement d'une ou deux années. Selon la IICG, cet accord s'est avéré, au final, moins cher pour la firme dans la mesure où l'achat de kérosène a pu être traité comme un financement de moyen terme et n'a plus nécessité un financement par découvert.

Plus récemment, Jazeera Airways, compagnie aérienne à bas prix, a opté, en novembre 2006, pour une mourabaha pour le préfinancement d'avions, complétant un financement classique à douze ans d'un montant de 150 millions USD [80].

Classiquement, le financement d'un acompte pour des avions non construits consiste à permettre au commanditaire de procéder

---

80. Ces deux opérations ont pu être réalisées que dans la mesure où elles ont fait l'objet d'une documentation juridique distincte.

à des versements au constructeur à échéances régulières pendant la période (généralement 18 mois) précédant la livraison des appareils. Pour ce préfinancement, Jazeera Airways et Airbus ont convenu de trois versements à 18, 12 et 6 mois avant la livraison de quatre Airbus A 320 pour un montant global de 18 millions USD.

La banque prêteuse a acheté au comptant pour 6 millions USD (tiers du montant du préfinancement global des appareils), via une structure ad-hoc, un volume de matières premières (pétrole) et vendu cette quantité à l'emprunteur (Jazeera Airways) à une date différée, avec un profit déterminé à l'avance. Comme les deux partenaires commerciaux se sont accordés sur le principe d'un prépaiement en trois tranches égales, l'opération d'achat-vente réalisée par la banque a été renouvelée deux fois.

Si cet échange permet à la banque de dégager un bénéfice, correspondant au montant des intérêts qui aurait été perçu dans le cadre d'un prêt classique, l'établissement bancaire supporte le risque de portage de la matière première, même pour une courte durée.

Conditions de conformité

L'objet du contrat doit être conforme aux prescriptions de la Chari'a et ne pas financer de produits prohibés par l'Islam. En cas d'incertitude et pour éviter le risque de résiliation du contrat pour cause de transaction illicite, la banque demandera à son client la production d'un avis juridique émis par un conseil expert en la matière.

L'acquisition du bien doit être préalable à la revente au client. La banque, par exemple, ne pourra pas acheter la chose du client, qui doit nécessairement exister au moment de la vente, dans l'hypothèse où ce dernier l'aurait déjà acquise par ailleurs. Elle doit acheter, elle-même, le bien à un tiers fournisseur, se l'approprier et en assumer les risques, ne serait-ce que quelques instants, avant qu'il soit cédé au client.

La mourabaha ne peut être conclue qu'à la dernière phase de l'opération (après la livraison du bien). Il s'agit d'une opération de vente à terme, l'opération de crédit n'étant qu'accessoire à l'opération commerciale, laquelle constitue la seule justification de la rémunération perçue par la banque, même si le paiement différé entre en ligne de compte dans la différence de prix.

Le contrat

Il convient de bien comprendre que le contrat de mourabaha n'est ni un prêt, ni une vente à crédit. Dans de telles opérations, un client emprunte un montant à sa banque et le lui rembourse, après un certain délai, moyennant le paiement d'un intérêt fixe. Or, le financement par mourabaha est une vente dans laquelle la somme reste en possession de la banque qui s'accorde directement avec le fournisseur. En outre, la nature du profit ne compense pas l'emploi de la somme mais correspond plutôt à la rémunération du service que la banque a fourni au client (recherche et achat du bien au meilleur prix). Enfin, le montant de la marge bénéficiaire n'est pas lié au temps : il est fixé au préalable et ne varie pas durant la durée du délai de paiement accordé[81]. Il n'est donc pas lié à des variables économiques externes comme le taux d'intérêt d'un crédit à la consommation dépend des conditions de marché à l'époque où le crédit est consenti.

Dans ce contrat,

- le prix payé par la banque au fournisseur, la marge bénéficiaire prise par l'établissement et les délais de paiement doivent être préalablement connus et acceptés par les deux parties ;

- la vente et le transfert de propriété sont immédiats. Après la réalisation du contrat mourabaha, la marchandise devient la propriété exclusive et définitive de l'acheteur et le demeurera, quels que soient les incidents qui peuvent survenir par la suite.

En cas de retard de paiement ou de non-paiement des échéances, la banque peut appliquer au client défaillant des pénalités de retard qui seront portées dans un compte spécial : « produits à liquider ». Mais, à aucun moment, elle ne peut réviser à la hausse sa marge bénéficiaire en contrepartie du dépassement de délai. Notons qu'en cas de litige entre l'établissement financier et son client, le Comité de la Chari'a est chargé d'une fonction d'arbitrage. Néanmoins, la volonté de conserver de bonnes relations de confiance avec sa banque de manière à bénéficier, à l'avenir, d'autres facilités financières conduit le client à réduire considérablement les contentieux de ce type. Toutefois, en présence d'un client de mauvaise foi, la banque est en droit de réclamer, en supplément des pénalités, un dédommagement des

---

81. Tous les savants s'accordent que le temps doit être pris en compte. Comme pour le taux d'intérêt, la marge sera d'autant plus élevée que le délai accordé sera long, la condition étant que la marge invariable soit fixée dès le départ.

échéances non honorées auquel cas, il convient d'évaluer le préjudice par rapport à des critères propres à la banque et éviter toute référence au taux d'intérêt.

Certains aménagements dans le contrat peuvent exister. Par exemple, la promesse d'achat peut contenir des spécificités (lieu de livraison, paiement d'un acompte pour garantir l'exécution de l'opération, méthode de remboursement...) acceptées par les deux parties. De plus, il est autorisé de stipuler la nature contraignante de la promesse d'achat et l'indemnisation des dommages causés par sa révocation.

Les risques encourus

Les risques encourus par la banque sont similaires à ceux liés à la vente au client, et qui résulterait surtout d'un éventuel défaut de paiement de celui-ci, renforcés par les aléas relatifs aux fluctuations du prix des biens/services entre l'achat et la revente au client, inhérents à tout contrat de marchandises (détérioration, mauvaise qualité, retards dans les délais de livraison...).

Si, en théorie, le client n'est pas tenu d'acheter la chose à la banque notamment pour des motifs légitimes, cette dernière peut prendre, en pratique, des mesures appropriées pour éviter ce risque. Elle peut, par exemple, donner mandat à l'emprunteur de prendre livraison du bien auprès du fournisseur au nom et pour le compte de l'institution islamique. De ce fait, d'une part, le client ne pourra plus refuser ultérieurement la chose au motif qu'elle ne correspond pas à la description qu'il aurait faite à la banque ; d'autre part, celle-ci bénéficie d'un droit de recours au titre de ce contrat de mandat contre l'emprunteur en cas de défaillance de l'équipement (les banques conventionnelles ne disposent pas de ce recours). Toutefois, le banquier-prêteur continue de supporter le risque des vices cachés des biens financés. Afin de se prémunir contre ce risque, il contracte généralement une « assurance-dommages » et en répercute la prime dans ses frais, facturés à l'emprunteur, ce qui affaiblit sa position concurrentielle face à ses confrères de la banque conventionnelle.

Contrat de prêt immobilier Mourabaha

Le client négocie avec le vendeur le prix du bien immobilier qu'il souhaite acquérir.

Le client demande à la banque d'acquérir à sa place le bien immobilier et convient avec elle du prix de revente :
prix initial + frais administratifs + marge bénéficiaire

La banque acquiert le bien immobilier et le revend immédiatement au client. La vente est enregistrée dans un contrat mourabaha.

Le client rembourse la banque sur une période de 5 ans minimum et de 15 ans maximum.
Le premier versement doit être effectué le jour de la signature du contrat et doit représenter au moins 20 % du prix de vente.

Bien que, en général, la banque ait tendance à exiger que la propriété du bien soit immédiatement transférée au client acheteur (pour éviter de répondre aux risques liés à leur qualité de propriétaire de la chose), elle peut conserver, à titre de précaution, la propriété du bien jusqu'à son paiement intégral par le client. Toutefois, une évaluation de l'intérêt de garder la chose en propriété doit être effectuée, au cas par cas, par l'établissement. Le plus souvent, il préférera prendre des garanties similaires à celles requises par les banques de droit commun (gage sur marchandises vendues au client en garantie du paiement et mise en jeu de cette caution le cas échéant). De même, en cas de mé-ventes, il peut accorder au client un rééchelonnement de son échéancier sans que cela n'entraîne une majoration de prix.

Au total, il s'agit d'un financement commercial avec marge bénéficiaire. Ce système prévaut dans la plupart des montages qui supposent une dette : en reprise d'entreprise pour détourner un effet de levier ou en gestion d'actifs de manière à constituer des fonds ayant une part sécurisée assise sur des matières premières.

Cette technique est le mode de mode de financement le plus fréquemment utilisé dans la pratique bancaire islamique (les mourabahas représentent parfois plus de 70 % des actifs de certaines banques), notamment parce que les établissements sont en concurrence avec les banques conventionnelles et cherchent à assurer, à leur clientèle, un retour sur investissement au moins équivalent à celui dégagé par leurs concurrentes grâce à un taux d'intérêt. En effet, la banque entreprend toutes les études « marketing » préalables à l'achat, ce que ne ferait pas un établissement financier de droit commun, qui se contente d'octroyer un crédit à son client. La démarche de la banque relève d'une expertise et offre des garanties qui font que les fournisseurs sont désireux de traiter avec elle (paiement moins risqué et plus rapide). De ce fait, elle peut proposer à son client, après négociation, des prix plus intéressants que ceux qu'il obtiendrait par lui-même. En conséquence, la rémunération de la banque dans ce genre d'opérations ne peut être, dans une certaine mesure, assimilée, bien qu'elle s'y rapproche, à un taux d'intérêt déguisé, les deux éléments essentiels du financement islamique étant ici présents : travail effectif et prise de risque. La banque peut calculer sa commission comme elle le souhaite et peut même baser ses calculs sur le LIBOR[82].

Notons qu'il existe un mode de financement relativement semblable à la mourabaha : la BAI'MUAJJAL (« mark-up system »). Cette technique financière est un contrat portant sur la vente de marchandises sur la base d'un paiement différé (moyen terme de deux à quatre ans). L'apporteur de capitaux (la banque) achète un bien et le revend à terme au co-contractant à un prix convenu, incluant une marge. Le client rembourse la banque selon un planning d'échéances convenu. Selon les principes islamiques, la banque ne peut en aucun cas majorer à nouveau le prix si le client diffère le paiement de la somme ou ses différents versements.

L'utilisation de ce mode de financement est largement répandue au Pakistan où les banques financent le commerce intérieur, les importations… La procédure suivie comporte quatre étapes :

- Le client conclut avec la banque un accord sur le financement de l'achat ou de l'importation des marchandises désirées (marchandises, équipements, pièces de rechange, matières premières…) ;
- La banque achète ou importe les marchandises pour son propre compte et les vend au client au prix convenu[83];
- La banque n'est pas dans l'obligation, en toutes circonstances, d'acquérir (ou d'importer) elle-même les marchandises. Elle peut désigner le client pour agir en ses lieu et place en le chargeant de son acquisition ;

---

82. London InterBanking Offered Rate : taux interbancaire offert à Londres.
83. Ce prix est majoré. Il comprend outre le prix de revient, un certain profit pour la banque.

* Le client règle par la suite le prix majoré convenu en un ou plusieurs règlements.

Cette procédure, qui vise à transformer une situation de crédit en une relation d'affaire, est souvent critiquée car elle serait, pour certains, une manière déguisée de percevoir des intérêts.

Le bai'el salam (ou salam)

Il s'agit d'un contrat d'achat/vente avec une livraison différée de la marchandise. Contrairement à la mourabaha, la banque n'intervient pas comme vendeur à crédit de la marchandise acquise sur commande de sa relation, mais comme acquéreur, avec paiement comptant d'une marchandise qui lui sera livrée à terme par son partenaire.

Bien que, en principe, toute transaction commerciale dont l'objet est inexistant au moment de sa conclusion (« bi'a al ma'adoum ») soit proscrite, certaines pratiques commerciales sont tolérées compte tenu de leur nécessité. Ainsi, la vente Salam a été autorisée par le Prophète dans un hadith : « Quiconque pratique le bai el salam, qu'il spécifie la marchandise pour un volume connu, pour un poids connu et pour un délai connu ».

Ce contrat s'applique sur des biens fongibles (biens agricoles ou manufacturiers) dont les quantités et la qualité peuvent être spécifiées sans ambiguïté.

Description de l'opération

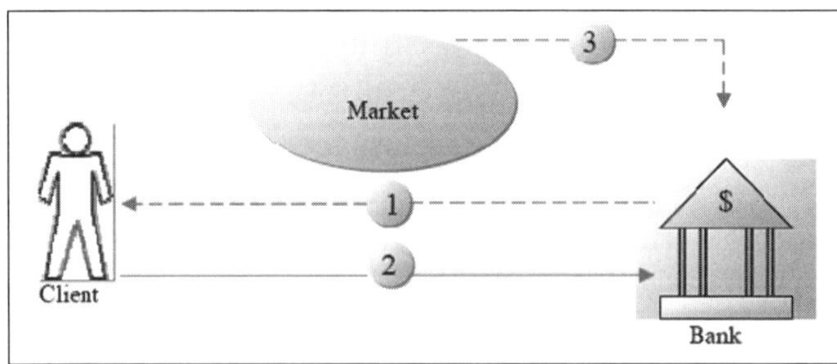

La banque passe une commande à son client pour une quantité donnée de marchandises, d'une valeur correspondant à son besoin de financement. Le client adresse à l'établissement bancaire une facture proforma indiquant la nature, les quantités et le prix des marchandises commandées.

Une fois les conditions de la transaction acceptées, les deux parties signent un contrat de salam reprenant les clauses convenues. Parallèlement, les deux parties signent un contrat de vente par procuration, par lequel la banque autorise le vendeur à livrer ou à vendre, selon le cas, les marchandises à une tierce personne. Le vendeur s'engage à recouvrer et à verser le montant de la vente à la banque.

Le Salam permet au client, par la formule du mandat, de continuer à commercer de manière habituelle avec sa clientèle habituelle, sous la seule réserve qu'il le fait pour le compte de la banque, à concurrence de la valeur des marchandises acquises par elle dans le cadre du contrat Salam.

A la différence de la mourabaha, l'établissement bancaire n'intervient pas comme vendeur de la marchandise acquise sur commande de son client, mais comme acquéreur, avec paiement comptant d'une marchandise qui lui sera livrée à terme par son partenaire.

Conditions de conformité

Le bien qui fait l'objet du contrat doit pouvoir être détaillé le plus précisément possible afin d'éviter tout malentendu lors de sa livraison à la date spécifiée.

L'objet doit être livré à la date convenue. La probabilité de son existence doit donc être assez élevée. Dans le cas contraire, si la réalisation du bien est soumise à un nombre important d'événements incertains, il ne peut faire l'objet de ce type de contrat.

Le Salam ne peut s'effectuer sur une chose qui existe déjà, les dommages et la détérioration du bien ne pouvant pas être assurés avant sa livraison.

Le contrat

Lors de la conclusion du contrat, la marchandise doit être valorisée et connue en qualité et en quantité. Le prix, payé comptant par la banque, le lieu et délai de livraison doivent être fixés dans le contrat et acceptés par les deux parties.

Les risques encourus

Outre un risque de contrepartie, la banque encourt un risque lié aux fluctuations de marché.

A l'échéance, la banque peut soit :

- exiger du vendeur une caution pour garantir la livraison de la marchandise à l'échéance ou toute autre garantie réelle ou personnelle ;

- mandater le vendeur pour écouler (livrer/vendre) la marchandise à une tierce personne moyennant éventuellement une commission. Personnellement redevable vis-à-vis de l'acheteur du recouvrement du prix de vente, le vendeur facturera, sous sa pleine responsabilité, cette marchandise pour le compte de la banque : outre les garanties ordinaires qu'elle exige dans ses activités de financement (cautions, nantissements, hypothèques...), la banque peut requérir du vendeur la souscription d'une assurance-crédit pour se prémunir contre le risque de non-paiement des acheteurs finaux, de même qu'une assurance couvrant les marchandises avec subrogation au profit de la banque.

Le vendeur livrera les quantités vendues en prenant soin, si la banque le juge nécessaire, d'exiger des acheteurs de faire viser les bons d'enlèvement aux guichets de la banque (mesure destinée à permettre le suivi et le contrôle de l'opération). La banque peut également utiliser la technique du warrantage en exigeant, dans les modalités contractuelles de livraison, l'entreposage des marchandises dans un magasin général et les vendre, elle-même ou par l'entremise de son client en endossant le warrant et en gardant le récépissé en guise de garantie de paiement.

Le prix de vente des marchandises par le vendeur pour le compte de la banque doit dégager une marge nette (après déduction des commissions et autres frais) au moins égale au taux de rentabilité annuel minimum tel que fixé dans sa politique de financement.

La rémunération du mandat du vendeur peut être consentie sous forme d'une commission, d'une ristourne ou d'une participation à la marge dégagée par la vente des marchandises. Elle peut être aussi décomptée au début de la transaction et intégrée au montant de l'avance (financement Salam). En tout état de cause, son montant doit être calculé par référence aux taux de marge pratiqués sur le marché pour des opérations similaires.

- ne pas vendre la marchandise avant sa livraison par le vendeur. Toutefois, un contrat Salam peut l'autoriser à le faire.

Par ailleurs, ce mode de financement, qui a fait ses preuves puisqu'il existait déjà avant le début de l'ère islamique[84], peut s'apparen-

---

84. Il était utilisé dans le domaine de l'agriculture.

ter à un contrat de « futures ». Le prix appliqué dans le Salam peut s'avérer plus bas que le prix au comptant d'un contrat à terme, puisque dans ce dernier, rien n'est échangé avant l'expiration du contrat alors que la validité du premier est soumise au paiement immédiat du montant fixé.

Enfin, par rapport à la moucharaka, qui sied davantage à un cycle plus long d'activité, le Salam se distingue par son moindre risque dans la mesure où la créance de la banque (ou sa contre-valeur) constitue, comme dans la mourabaha, une dette commerciale constante sur le client (vendeur).

Au total, cette technique s'avère appropriée pour les besoins de financement du fonds de roulement et de certaines charges d'exploitation (salaires, impôts et taxes, droits de douane...). Elle offre de multiples opportunités d'intervention à la banque puisque le Salam convient particulièrement au financement de l'agriculture, de l'artisanat, de l'import-export et des PME.

De surcroît, elle pourrait constituer une formule de remplacement à la pratique de l'escompte commercial. Les effets et/ou valeurs en possession du client seront pris à titre de garantie du financement Salam que la banque pourrait lui consentir. Analysé par comparaison aux pratiques bancaires classiques, le Salam peut se substituer aux formes de crédit à court terme comme les facilités de caisse, les découverts, les crédits de campagne et les avances sur marchandises voire être semblable à un « forward » où la livraison est à date future en échange du paiement au comptant.

L'ISTISNA'A AL-TAMWILI

L'Istisna'a est un mode de financement permettant à la banque d'apporter son concours dans le cadre de grands projets de génie civil (travaux de construction, de réfection, d'aménagement et de finition d'ouvrages de masse), de construction d'équipements de production, de transport et de consommation sur commande des utilisateurs et/ou des revendeurs. Elle concerne également le financement de biens comme l'électricité et le gaz qui ne peuvent pas être pris en compte par les contrats de leasing.

Cette technique se rapproche de la mourabaha (la différence étant l'importance des coûts engagés) mais elle est aussi une variante du contrat Salam à la différence que l'objet de la transaction porte sur la livraison, non pas de marchandises achetées en l'état, mais de produits finis ayant subi un processus de transformation. Sa validité est donc accordée par Qiyas du fait de la légalité de la vente par Salam.

Description de l'opération

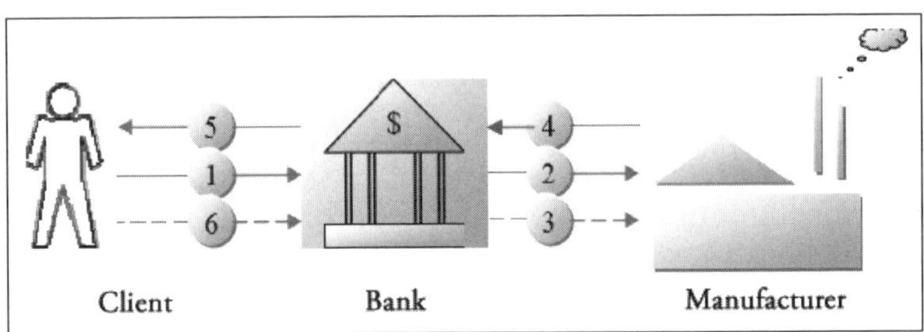

L'Istisna'a est un contrat d'entreprise en vertu duquel une partie (le « moustani'i » – la banque) demande à une autre (le « sani'i » – l'entrepreneur) de lui fabriquer ou de lui construire un ouvrage moyennant une rémunération payable d'avance ou à terme ou de manière fractionnée selon un échéancier convenu entre les parties. La matière, les composants ou les produits semi-finis doivent être apportés ou financés par l'entrepreneur.

La durée de l'Istisna'a est limitée à 15 ans dont une période de gestation, correspondant à la durée de fabrication, limitée à 3 ans. Le projet de construction, une fois achevé, est vendu au client, souvent à tempérament.

Cette formule peut revêtir l'aspect d'une opération triangulaire faisant intervenir aux côtés de la banque, le maître de l'ouvrage et l'entrepreneur dans le cadre d'un double Istisna'a.

L'extension du complexe médical de l'hôpital Mosawat (Dubaï) a été financée sur la base d'un contrat Istisna'a, qui, par la suite, a dû être transformé en Ijara pour permettre l'apport de capitaux.

Conditions de conformité

Les biens faisant l'objet de ce type de contrat doivent être des biens manufacturables. Ainsi, ne peuvent faire l'objet les biens dont la « fabrication » est naturelle.

Le contrat

Le contrat doit préciser la nature, la quantité, la qualité et les spécificités du bien à fabriquer. Il doit porter sur un travail de transformation d'une matière, d'un produit semi-fini ou de composants, en un produit fini prêt à l'utilisation.

Ce type d'arrangement est considéré comme un engagement irrévocable.

Les risques encourus

Mis à part le risque de crédit lié au client, la banque assume le risque d'exécution des travaux.

Au total, ce mode de financement offre une solution de remplacement à la technique des avances sur marché grâce au procédé du double Istisna'a. La rémunération de la banque se justifie par son intervention en qualité d'entrepreneur responsable de la réalisation des travaux afférents à la construction de l'ouvrage, que cette intervention ait lieu directement ou par l'entremise de sous-traitants. Les conditions de l'Istisna'a sont, en général, proches de celles du crédit-bail et de la vente à tempérament en termes de durée, taux de rentabilité et garanties.

LA MOUKARADA

Cet instrument financier peut être assimilé à une obligation émise par une banque islamique afin de financer un projet donné. Les apporteurs de capitaux participent cependant aux pertes/profits générés par cette opération.

Dans la lignée de cet instrument, une innovation financière est apparue sur les marchés financiers. Il s'agit d'obligations islamiques gouvernementales : les « SOUKOUKs [85]».

LES SOUKOUKS

Elles sont à la finance islamique ce que les Asset Backed Securities [85](ABS) sont à la finance conventionnelle.

Description de l'opération

Un emprunteur – sponsor vend un actif à une structure juridiquement indépendante : Special Purpose Vehicle (SPV). Cette entité émet un soukouk et utilise les fonds obligataires des souscripteurs (prêteurs) pour payer le sponsor. Celui-ci rachète, en crédit-bail (Ijara), l'actif via des paiements réguliers au SPV incorporant un élé-

---

85. Pluriel de l'arabe « sak » qui signifie certificat d'investissement.
86. Le principe d'« asset backing » considère que toute transaction financière doit être sous-tendue par un actif tangible et identifiable.

ment de principal et d'intérêt, le coût du crédit-bail étant actualisé. Le SPV transfère les paiements aux souscripteurs du soukouk et fonctionne comme une entité neutre.

Le soukouk est réellement sécurisé si les souscripteurs

- sont juridiquement propriétaires de l'actif qui sert de garantie, et donc des flux de trésorerie ;
- ne peuvent pas être mis en faillite (« bankruptcy remote ») ;
- n'ont pas de recours sur l'emprunteur.

Outre l'Ijara, les produits sous-jacents des soukouks peuvent être représentés par des contrats tels la moucharaka ou la moudaraba.

En pratique, la performance du soukouk dépend de celle de l'actif comme dans une transaction d'ABS. La solidité de cet instrument dépend, avant tout, de la structure juridique et de l'indépendance de l'actif par rapport à l'emprunteur.

Les risques encourus

Les soukouks sont structurés de telle manière que leurs détenteurs courent un risque de crédit.

Le marché

Ces instruments financiers doivent leur essor aux évènements du 11 septembre 2001. À partir de cette date, les investisseurs du Golfe persique ont, en effet, craint une saisie de leurs actifs aux États-Unis et ont procédé à des rapatriements massifs de capitaux. Or, ces personnes, de plus en plus sensibles à l'argument religieux, ne disposaient pas encore de véhicules de placements obligataires adaptés à la pratique de l'Islam. A défaut, les fonds étaient alloués à des acquisitions immobilières ou placés sur des marchés boursiers qui ont enregistré, ces dernières années, d'excellentes performances au regard de la croissance économique mondiale. Cette situation était d'autant plus favorable que la hausse du prix du pétrole alimentait une liquidité déjà abondante. Cependant, peu à peu, les gouvernements ont acquis la technique financière et se sont dotés d'outils nécessaires au drainage de cette importante épargne.

Le groupe financier saoudien Dallah Albaraka a émis le premier soukouk en 1998. À partir de 2002, plusieurs pays ont lancé les premières émissions pour donner corps au marché, le dynamiser et servir de référence à de nouvelles opérations :

Le premier fut la Malaisie qui a lancé, en juin 2002, la première émission d'obligations islamiques impliquant un risque souverain. Une émanation du Ministère des Finances, la Malaysia Global Sukuk Inc (MGS), a émis des « Sukuk Al-Ijara Certificates », de maturité cinq ans, pour un montant de 600 millions USD. Le produit de cette opération a été utilisé pour financer l'acquisition de quatre lots de terrains à Kuala Lumpur. La MGS, société de gestion, loue ces lots au gouvernement selon une Ijara produisant, pendant cinq ans, des flux de liquidités semestriels. Le produit de la location, représentant le rendement attendu de ces certificats, est distribué à leurs détenteurs. Le gouvernement malais rachètera les lots de terrain à la fin de la période de location. Ainsi, la procédure de vente ne rend pas la société de gestion emprunteur mais payeur de liquidités.

Par la suite, certains pays ont copié ce montage qui a fait ses preuves : le Qatar (septembre 2003 – 700 millions USD), le Bahreïn (octobre 2003 – 380 millions USD), les membres de la Banque Islamique de Développement (2003 – 400 millions USD), Dubaï (novembre 2004 – 1 milliard USD).

Ces obligations sont portées actuellement par une forte demande et une offre de plus en plus diversifiée. Outre des États musulmans, des grandes entreprises des Émirats Arabes Unis (Dubaï Ports World[87], Tabreed) ou américaines (Loehmann, East Cameron Partners) et des banques (Banque mondiale, Mitsubishi UFJ) ont émis ces titres ces dernières années. En Europe, le Land allemand du Saxe-Anhalt a lancé, en juillet 2004, le premier soukouk européen[88] dont le montage a été confié à Citigroup. En 2007, le Royaume-Uni a souhaité être le premier pays occidental à placer un emprunt obligataire respectant les principes de la Chari'a. En janvier de cette même

---

87. Dubaï Ports World avait levé 3 milliards USD. Cette émission record a depuis été battue, en novembre 2006, par le promoteur immobilier Nakheel : 3,52 milliards USD dont environ 40% placés auprès d'investisseurs européens.

88. Le volume de ces titres a été fixé à 100 millions d'euros à échéance 2009. Ces premières obligations européennes, émises à taux variable et notées « AA- » par Standard & Poor's (« AAA » par Fitch Ratings), ne donnent pas lieu à un paiement d'intérêts mais à l'équivalent des loyers d'immeubles du Ministère des Finances et du Fisc de la Saxe-Anhalt. Ces montants sont versés aux investisseurs via un véhicule néerlandais ad hoc ayant acquis des immeubles à la région dans le cadre de cette opération. Cette formule présente l'avantage d'être moins onéreuse (la rémunération servie, équivalente à l'Euribor 6 mois, est inférieure d'environ 20 points de base) que celle des emprunts traditionnels contractés par l'un des Länder les plus pauvres et les plus endettés d'Allemagne (près de 15 milliards d'euros). La moitié des investisseurs étaient originaires du Moyen-Orient (pays membres du Conseil de Coopération du Golfe - « Gulf Cooperation Council » -), en Malaisie, en Turquie mais également aux Etats-Unis et au Royaume-Uni.

année, le Japon a annoncé le lancement de la première tranche de soukouks souverains du G7, via la Japan Bank for International Coopération (JBIC), pour un montant compris entre 300 et 500 millions USD, placées essentiellement en Malaisie.

Selon la société Trowers & Hamlins, le succès des soukouks auprès des investisseurs traditionnels serait dû non seulement à leur volonté de diversifier leurs placements en dehors des pays du G7 qui souffrent d'un accroissement de leurs déficits publics mais également au fait que les obligations islamiques seraient plus rémunératrices que la moyenne en raison d'une surprime (40-45 points de base au-dessus du Libor) liée à l'illiquidité du marché.

Enfin, le Labuan International Financial Exchange (LFX) a récemment étendu sa gamme d'investissements islamiques en cotant sur l'indice majeur des soukouks Alljarah. Selon le Président de la place boursière et PDG de Bursa Malaysia, la cotation des soukouks montre la focalisation croissante du FLX sur les marchés de capitaux islamiques et sa capacité à gérer la demande pour la cotation d'instruments financiers, à la fois conventionnels et conformes à la Chari'a.

En dépit d'un certain engouement (les obligations islamiques sont de moins en moins considérées comme des produits de niche), la taille du marché reste sans commune mesure avec celle du marché obligataire conventionnel. Selon Bloomberg, les émissions de soukouks ont atteint, en 2006, 16,8 milliards USD, dont près de 80 % dans le Golfe persique, contre 7,6 milliards USD en 2005. Alors que Dubaï reste la principale place de cotation, Londres est celle où les volumes échangés sont les plus importants. Pour les promoteurs de la finance islamique, le développement du marché secondaire apparaît comme un des principaux défis (une part importante des instruments étant placés de gré à gré, une faible proportion de titres est cotée). Néanmoins, cet essor pourrait se heurter à des divergences dans l'interprétation du Coran au sein du monde musulman.

Les soukouks convertibles

Après le succès des deux obligations convertibles en actions respectivement émises en 2006 par le port de Dubaï (cf. schéma ci-dessous) et Aabar Petroleum, le gouvernement malaisien, via sa holding d'investissement Khazanah, a procédé, lui aussi, à l'émission d'une obligation islamique convertible d'un montant de 750 millions USD.

Émissions de soukouks dans la région du Golfe Persique (*)

(en milliards de dollars US)

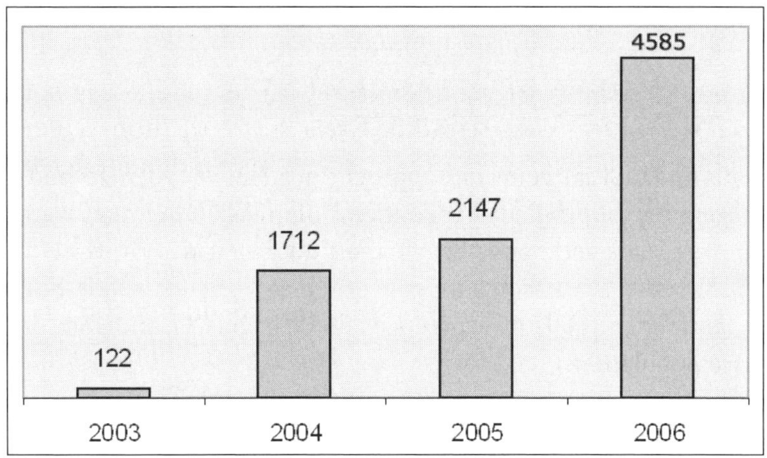

(*) Sans prise en compte de la dette souveraine.
Pour 2006, il s'agit uniquement du 1er trimestre
Source : Trowers & Hamlins/Financial Times.

L'emprunt à 5 ans, disposant d'une option de vente à 3 ans, est convertible en titres Telekom Malaysia, et pourrait permettre au gouvernement de monétiser plus d'un cinquième de sa participation (7,6 % du capital). Le paiement de dividendes par l'opérateur téléphonique au moyen d'une structure ad hoc permet d'échapper à l'écueil d'un versement d'un taux d'intérêt. Toutefois, les investisseurs occidentaux ayant souscrit à l'opération connaissent le coupon équivalent aux dividendes versés (1,25 %).

Concernant la notation de ces supports, le traitement analytique des soukouks distingue, de manière générale, les structures sans partage des profits et des pertes (soukouks « garantis ») et les structures prévoyant un partage des profits et des pertes (financements plus proches des quasi-fonds propres, soukouks « non-garantis ») :

- méthodologie applicable aux soukouks « garantis » : la même que celle appliquée aux émissions de dette conventionnelle. La notation de ces soukouks est égalisée avec celle de l'originateur des actifs sous-jacents dans la plupart des cas (Standard & Poor's n'exclut pas la possibilité de noter les soukouks au-delà de la notation de l'émetteur) ;

- méthodologie applicable aux soukouks « non-garantis » : les méthodologies de notation standard ne sont pas nécessairement applicables en l'état, et l'égalisation avec la note de l'émetteur/originateur n'est pas évidente. Lorsque de tels cas se présentent, les critères de notation applicables aux structures de titrisation (financements structurés) prévalent davantage et sont bien plus utiles.

LES MODES DE FINANCEMENT DU DÉFICIT BUDGETAIRE

Dans un État islamique, une approche prudente des déficits budgétaires est privilégiée (maintien à un niveau minimum voire nul). Dans cette perspective, il est du devoir des citoyens de répondre aux besoins du gouvernement, qui, en retour, doit œuvrer en totale transparence afin de gagner la confiance de la population.

En cas de déficits, les entreprises d'État peuvent lever des fonds par voie d'émission de titres moudaraba ou moucharaka (comme les entreprises privées). Ces titres peuvent servir :

- d'une part, à l'achat d'équipements ou autres éléments d'actifs en vue de les louer aux firmes du secteur public ;

- d'autre part, au financement des ventes à tempérament (mourabaha, salam ou istisna'a). Ces instruments financiers peuvent être libellés en monnaie locale ou en devise étrangère.

Le gouvernement peut également créer un Fonds Commun d'Investissement dédié exclusivement au secteur public, allégeant ainsi la charge de son propre budget. Toutefois, afin de répondre aux besoins de financement de ses propres opérations qui ne sont nécessairement génératrices de revenus, il peut créer :

- soit un Fonds de Financement des activités du secteur public fonctionnant selon les modes de financement participatifs ou avec marge bénéficiaire (les titres vendus au public sont négociables mais à la condition que la majorité des fonds soient offerts sur la base de la participation aux bénéfices ou sur celle du leasing) ;

- soit un organisme indépendant qui émet des titres publics négociables (libellés en monnaie locale ou étrangère) et qui emploie les fonds levés à l'achat d'actifs, ensuite loués au gouvernement ou toute autre entité qui les exploitera à des fins lucratives. L'État peut alors utiliser alors ces revenus pour réduire son déficit.

La fiscalite

Dans la plupart des pays, les profits et les plus-values réalisés par les entreprises sont taxés tandis que, dans le même temps, les frais financiers sont déductibles de l'impôt sur les sociétés. Dans cette perspective, le financement de projet selon les préceptes islamiques entraîne des surcoûts fiscaux pour les entreprises emprunteuses, assimilées à des investisseurs, et les banques, considérées comme des bailleurs de fonds. C'est pourquoi, l'optimisation fiscale d'un montage islamique nécessite une approche différenciée de la part des autorités locales, en particulier dans les pays où les banques islamiques sont en concurrence avec leurs consœurs conventionnelles, afin d'assimiler ce montage à une opération de prêt.

Afin de positionner la place de Londres comme le leader de la finance islamique, le Royaume-Uni a envisagé de mettre en place une fiscalité spécifique aux opérations islamiques réalisées dans le domaine immobilier. La plus-value dégagée lors de la revente des biens serait fiscalement assimilée à des intérêts versés à la société-projet.

Rachat de p & o par ports customs & free zone corporation (pcfc)

Pour financer l'acquisition de son concurrent britannique P & O, Ports Customs & Free Zone Corporation (PCFC), plus connu sous son nom commercial DP World, a levé 3,5 milliards USD via la première obligation convertible islamique de l'histoire.

Dans un premier temps, l'opérateur a estimé à presque 10 milliards USD son besoin de financement immédiat. Avec l'aide de Barclays Capital et Deutsche Bank, une dette senior classique est levée à hauteur de 6,5 milliards USD.

L'originalité de l'opération réside dans la ligne obligataire levée en parallèle.

Les investisseurs ont souscrit à un véhicule ad-hoc, qui a investi, à son tour, dans une moucharaka (joint-venture détenue à parité avec PCFC). En contrepartie, ce dernier apporte une partie de ses actifs portuaires dont il garde la gestion opérationnelle. En dépit de la structure obligataire de ce titre « zéro coupon », les investisseurs sont rémunérés, in fine, sur le profit généré par l'exploitation d'un capital, et non sur l'usure (principe d'une soukouk).

Or, afin de réduire le coût de son financement, l'emprunteur a souhaité profiter de la profusion des liquidités se trouvant sur les Bourses régionales. L'obligation a donc été assortie d'un mécanisme de remboursement en actions à hauteur de 30 % du montant restant dû en cas d'IPO, principal et intérêts compris. PCFC étant une entité publique, il a fallu conditionner ce mécanisme à une future introduction en Bourse de PCFC ou de l'une de ses filiales existantes ou à venir. L'originalité provient du fait que ni le prix, ni la place de cotation, ni la nature, ni même l'existence du sous-jacent n'ont été déterminés à la date de l'émission.

Ainsi l'option de conversion et la structure « zéro coupon » confèrent à la ligne un « profil equity » alors même que l'émetteur est public. Sursouscrite plus de quatre fois, l'opération a permis de lever 25 % de fonds supplémentaires. La ligne ne consomme pas les cash-flows du groupe à court terme, laisse le temps à l'acquisition de P & O de générer des synergies attendues et sécurise les « créanciers senior ». Le coût global de l'ensemble du financement est réduit par cette obligation convertible pré-IPO.

Ce type de montage est relativement universel dans la mesure où il peut s'appliquer à de nombreux cas de financements d'acquisition.

Modalités de l'opération

Montant levé : 3,5 milliards USD

Taux nominal : 7,125 % en cas d'introduction en Bourse et 10,125 % le cas échéant

Maturité de la convertible : 2 ans

Maturité de l'option de conversion : 3 ans (en cas d'introduction en Bourse, entre 2-3 ans après l'émission de la convertible, les investisseurs doivent rembourser l'excès de rendement perçu)

Sous-jacent de l'option de conversion : les actions de PCFC ou d'une autre de ses filiales.

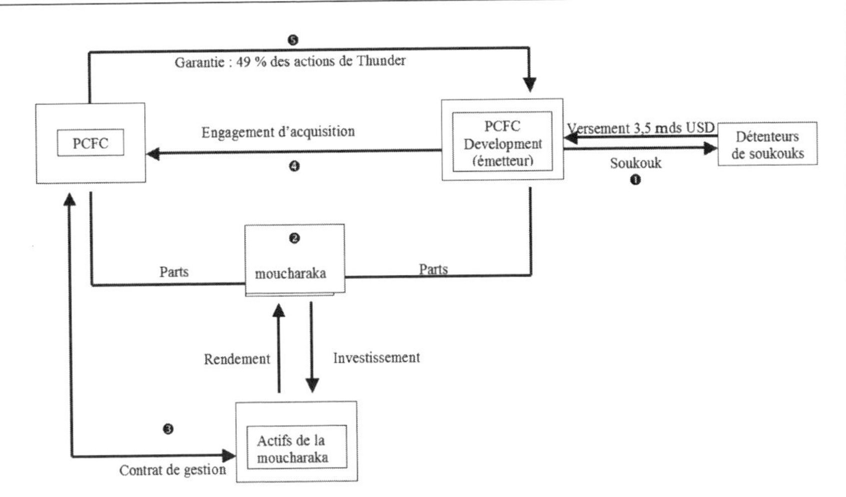

1. L'émetteur est un véhicule ad hoc (SPV) : PCFC Development.

2. PCFC Development investit les fonds levés dans une moucharaka, une joint-venture détenue à parité entre PCFC et PCFC Development.

3. PCFC gère les actifs de la moucharaka en vertu d'un contrat de gestion.

4. PCFC s'engage auprès de PCFC Development à lui racheter ses parts dans la moucharaka au prix d'exercice et à la date convenus.

5. PCFC apporte en garantie 49% des actions de Thunder, entité juridique de P & O. Si PCFC ne remplit pas ses engagements de remboursement vis-à-vis de PCFC Development, PCFC gardera ses titres.

LES PRÊTS DE BIENFAISANCE

LE QARD AL HASSAN

La loi coranique distingue deux types de prêt :

- Le prêt ARIYA est un prêt destiné à une utilisation transférant l'usufruit d'un bien temporairement et gratuitement à l'emprunteur (la propriété du bien prêté reste au prêteur). Après usage, celui-ci le restitue au prêteur ;

- Le prêt QUARD est le prêt de biens fongibles [89]. L'emprunteur s'engage à rendre/retourner l'équivalent de ce qu'il a reçu en dépôt. La chose qui fait le plus l'objet d'un quard est une somme d'argent. Ainsi, le client reçoit une somme d'argent d'une institution qu'il doit rembourser à une date convenue et sans aucune charge d'intérêt.

Le « quard hassan » est la seule forme de prêt d'argent qui est autorisée en Islam, étant donné que les autres types de contrat ne peuvent être considérés comme des prêts au sens strict.

Ce prêt présente, en général, un caractère social. Il est octroyé, par les banques, sur les ressources de la caisse de la zakat (et non sur les dépôts), pour venir en aide aux personnes se trouvant dans une situation de besoin temporaire (étudiant, décès, mariage, circoncision d'un enfant...). Il est également utilisé en complément d'un ou de plusieurs contrats. Il peut, en effet, arriver qu'un chef d'entreprise, avec lequel la banque est engagée en relation d'affaires, se trouve dans une situation délicate du point de vue financier. En lui consentant un crédit sans intérêt, l'institution financière peut relancer, voire sauver, un projet et sauvegarder ainsi les intérêts des deux parties.

Les modalités de remboursement sont convenues par les deux parties. La banque peut exiger le paiement de frais administratifs à condition que leur montant ne soit pas lié à la période de maturité du prêt. De même, pour se prémunir des effets d'une forte inflation, l'établissement bancaire peut inscrire une clause d'indexation [90] pour les remboursements (par exemple, le prix de l'or [91]).

En définitive, le principe fondamental de la pratique bancaire islamique repose sur l'intervention directe de la banque dans les transactions dont elle assure le financement. La liste des techniques de

---

89. Biens qui peuvent être estimés et remplacés selon leur poids, leur taille ou leur nombre.
90. La question de l'indexation est fréquemment soulevée en présence d'une inflation persistante. En Islam, il est demandé aux Autorités monétaires de ne pas mener une « politique inflationniste ». L'approche de la loi coranique autorise, lors de circonstances exceptionnelles, l'indexation des salaires et des engagements contractuels, excepté les « dettes monétaires », dès lors que celle-ci ne nuise pas à la bonne marche de l'économie. En revanche, elle permet au débiteur et au créancier de convenir que le jour de la liquidation, la dette soit payée dans une autre monnaie que la devise de facturation à la condition que le paiement se fasse aux taux de change du jour de liquidation.
91. Il convient de signaler que le système de l'étalon-or est une pratique recommandée par l'Islam dans les transactions commerciales et financières.

financement qui vient d'être dressée est loin d'être exhaustive : la validité des autres formes d'accords doit être appréciée par les juristes musulmans.

Si la moucharaka, la moudaraba, l'ijara et la mourabaha permettent à la banque islamique de répondre, dans une large mesure, aux besoins de sa clientèle en matière de financement des cycles de création, d'investissement et d'exploitation des entreprises, ces différentes techniques s'avèrent insuffisantes, à elles seules, pour couvrir la totalité de ces besoins. Ceux-ci, nécessitant souvent un apport monétaire direct, exigent en conséquence un mode de financement plus approprié que la mourabaha.

Cependant, à l'intérieur de cette liste, il apparaît que les produits financiers islamiques les plus proches des produits bancaires classiques (Ijara/crédit-bail ; mourabaha/portage, titrisation) sont les plus pratiqués (68 % en 2005) et que les produits les plus risqués (moudaraba/commandite ; moucharaka/participations minoritaires) ne représentent que 17 % en 2005. De surcroît, la moudaraba occuperait une place de choix car selon les économistes musulmans, cette forme constituerait une alternative au prêt à intérêt et modèlerait donc le système financier islamique. Ainsi, il semblerait que les techniques de financement islamiques se soient adaptées aux besoins des épargnants et des institutions financières suivant les évolutions de la finance moderne avec le développement de l'ingénierie financière et l'apparition de produits structurés tels les soukouks et les produits de couverture de risque.

Répartition de l'activité par type de produit (2005)

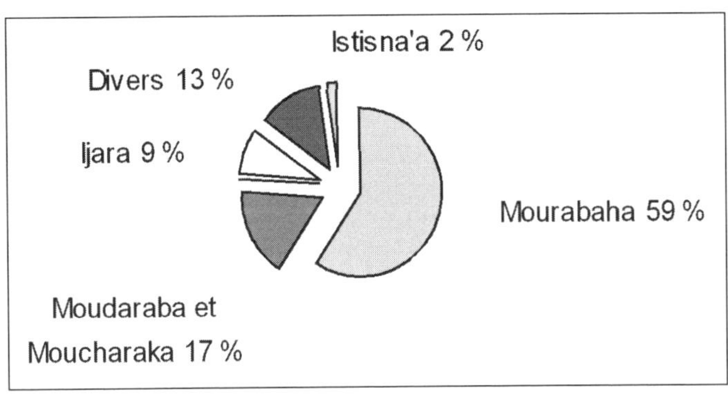

Source : Rapport moral sur l'argent dans le monde (2005),
Association d'Économie Financière

Les techniques de financement islamiques

Financement de Transactions Commerciales (absence du partage des profits et des pertes)	Opérations de Participation (partage des profits et, parfois, des pertes)	Prêts de Bienfaisance (absence du partage des profits et des pertes)
Bai'Muajjal Bai'Salam Ijara Istisna'a Joaalah Moukaraba Mourabaha	Moucharaka Moudaraba Mouzara'ah Prise de participation directe	Qard Al Hassan

La gestion des risques

Le recours aux modes de financement participatifs transforme la nature des risques encourus par les banques islamiques. En effet, le caractère particulier des dépôts d'épargne/d'investissement participant au partage des bénéfices et des pertes fait d'une part, que la rémunération n'est pas déterminée ex ante et d'autre part, que les déposants doivent encourir leur part de risques liés aux opérations de banque.

De surcroît, l'utilisation des modes de financement islamiques dans les emplois (actif) de la banque provoque des changements au niveau des risques traditionnellement encourus.

Les risques et leur gestion

Le risque de crédit

Le risque de crédit est un risque inhérent à l'activité bancaire : celui de ne pas être remboursé à l'échéance du crédit. Au-delà de l'aspect réglementaire, difficile à apprécier sur la base de documents comptables, il dépend de la nature et de la durée du crédit. Son appréciation est essentiellement de la responsabilité du banquier. Si les autorités monétaires ne sont pas en charge directement de sa surveillance, elles attachent cependant un soin particulier au suivi de ce risque.

En finance islamique, le risque de crédit est lié au défaut de paiement se manifestant lorsqu'une partie du contrat avance des fonds (cf. contrat salam ou istisna'a) ou délivre une marchandise (cf. contrat mourabaha) avant de recevoir la contrepartie de son financement, s'exposant ainsi à des pertes potentielles.

Dans le cas de modes de financement participatifs (type moucharaka ou moudaraba), ce risque se réalise lors du non-paiement par l'entrepreneur de la part revenant à la banque lorsque celle-ci devient exigible. Ce problème se pose avec acuité en cas d'asymétrie d'information liée à la méconnaissance des profits réels réalisés par l'entreprise. Concernant les contrats mourabaha, le risque de crédit prend la forme d'un risque de contrepartie dû à la mauvaise « performance » du partenaire.

Il semble que les modes de financements participatifs (moucharaka, moucharaka dégressive et la moudaraba) soient perçus comme ceux présentant les risques les plus élevés pour les banques islamiques. Puis viendraient l'istisna'a, le salam, l'ijara et la mourabaha. Cette vision expliquerait ainsi la concentration des emplois de l'actif sur les modes de financement à revenu fixe tels que la mourabaha et l'ijara.

L'insolvabilité du client est un point important du problème : si une contrepartie n'acquitte pas sa dette, les banques sont dans l'impossibilité de lui appliquer des pénalités financières dans la mesure où cette situation serait assimilable à un intérêt. Il convient, toutefois, de moduler cette position car certains juristes considèrent la sanction financière comme légale dès lors qu'elle répare le dommage causé et à la condition que la banque n'en tire pas profit.

Par ailleurs, la transformation de ces contrats, basés sur la dette, en instruments financiers négociables est extrêmement difficile sauf à sa valeur nominale. L'importance de ces instruments sur le marché financier islamique constitue un obstacle au développement d'un marché islamique secondaire.

LES RISQUES DE MARCHÉ

Risque de taux

Le risque de taux est celui supporté par la banque qui détient des créances et/ou dettes à taux fixe du fait de l'évolution ultérieure des taux d'intérêt. Il se répercute sur la situation de la banque par deux voies :

- la première, est la liaison inverse taux d'intérêt – valeur d'un actif financier ;

Si nous assimilons un bilan bancaire à un portefeuille d'actifs financiers, chaque actif réagit alors favorablement ou défavorablement aux variations de taux. Bien que l'usage des transactions basées sur un taux d'intérêt soit banni en finance islamique, les fluctuations de taux d'intérêt peuvent impacter la valorisation de certains actifs. En effet, les institutions financières utilisent fréquemment un taux d'intérêt de référence (« benchmark »), généralement le LIBOR (London InterBank Offered Rate), afin de maintenir leurs conditions d'intervention proches de celles des établissements conventionnels.

- la seconde, conduit, au niveau du compte de résultats, à un désajustement durable du rendement des emplois et du coût des ressources.

Le risque de taux est l'aléa le plus impactant du risque de marge. Il concerne, en premier lieu, le contrat Istisna'a, qui se caractérise fréquemment par une longue maturité, et le salam, suivi des modes de financement participatifs portant sur des engagements de long terme : moucharaka et moucharaka dégressive et enfin, la moudaraba, utilisée le plus souvent à court terme, suivie de l'ijara[92].

Risque de prix

Les institutions financières islamiques sont particulièrement impactées par les variations du cours des actions dans la mesure où la participation en fonds propres de ces établissements constitue leur vocation première. Elles sont, par exemple, directement exposées, dans le cadre d'un contrat mourabaha, aux variations de prix des « commodities » ou produits agricoles alors que le salam et l'ijara les exposent à des risques de prix de marchandises plus importants que ceux encourus par les banques conventionnelles.

Afin de limiter ce risque, les banques utilisent :

- soit la technique « Bai al-Urboun », proche de l'urboun (arrhes), opération par laquelle le client avance une faible part du prix (en général, 3 %) tandis que le paiement définitif et l'objet de la vente tiennent lieu dans une date ultérieure (technique qui se rapproche de la vente à terme – « forward sale ») ;

- soit le « Baï al-Tawrid », utilisé fréquemment dans les contrats publics, par lequel les deux parties s'entendent, au moment de la signature du contrat, sur la quantité de marchandises, la durée du contrat, le moment de la livraison ainsi que le prix à payer.

Risque de change

La détention de créances et de dettes en devises fait peser sur les établissements bancaires un risque de change découlant de la varia-

---

92. Bien que ce contrat puisse être à long terme, le revenu (le loyer) peut être ajusté de manière à refléter les conditions du marché.

tion du cours des devises dans lesquelles les créances et dettes sont libellées par rapport à la monnaie nationale.

Risque de change et risque de taux sont traditionnellement imbriqués puisque, dans une opération de change à terme, l'achat ou la vente au comptant de devises, première étape de l'opération, donne naissance au risque de change et que le placement des euros, par exemple, ou devises sur le marché des capitaux, deuxième étape, donne naissance à un risque de taux.

À l'instar des banques conventionnelles, les banques islamiques sont sensibles au risque de change. Mais, il n'y a pas de meilleure couverture de ce risque que d'avoir des filiales dans le pays concerné. C'est pourquoi, les plus groupes financiers islamiques ont des filiales sur les principaux marchés.

Ainsi, face aux risques de marché, les banques islamiques doivent faire face, au final, à un risque de marge.

Le risque d'illiquidité

Le risque de liquidité découle de la fonction de transformation d'échéances de la banque. Le terme des emplois étant généralement supérieur à celui des ressources, la banque peut se trouver confrontée à deux situations délicates :

- ne pas pouvoir honorer ses engagements à court terme (risque de liquidité immédiate). La banque est dans l'impossibilité de faire face à une demande massive et imprévue de retraits de fonds de la clientèle ou d'autres établissements de crédit ;
- avoir des ressources dont le terme a tendance à se raccourcir alors que les emplois demeurent, à terme, inchangés (risque de transformation).

Sachant que les emprunts à intérêt et la vente de créances à un prix différent de leur valeur nominale sont prohibés par la Chari'a, les banques islamiques peuvent être en risque d'illiquidité si elles rencontrent des difficultés à mobiliser des fonds à coût raisonnable, (situation qui s'aggrave en l'absence d'un marché monétaire interbancaire islamique) ou si les actifs ne peuvent être vendus à brève échéance.

Aussi, les contrats moudaraba et mourabaha sont-ils les moins risqués puisque leur maturité est de court terme. En revanche, d'autres instruments sont perçus comme présentant plus de risque : par ordre décroissant, la moucharaka dégressive, le salam, l'ijara et l'istisna'a.

Le risque opérationnel

Le risque opérationnel peut avoir plusieurs sources. Certains aspects de ce risque au niveau des banques islamiques sont essentiellement

- d'ordre juridique, liés à la confection de documents légaux consacrés aux différents instruments utilisés.

Sachant que les contrats financiers consacrés par les banques islamiques ont un caractère spécifique, celles-ci encourent des risques liés à leur documentation et leur mise en application. En l'absence de formalisation, les banques islamiques continuent de concevoir des contrats en fonction de leur appréhension de la Chari'a, des lois nationales, de leurs besoins et leur intérêt.

Ce manque d'uniformisation et l'absence de cadre juridique destinés à résoudre les problèmes liés à l'exécution de ces contrats pour toutes les parties concernées, accroissent les risques juridiques associés aux engagements contractuels des banques islamiques.

Ou concernent

- l'appréhension des modes de financement par les employés de la banque. Créées récemment, les institutions financières islamiques encourent un risque opérationnel provenant essentiellement d'un manque de personnel qualifié capable de conduire efficacement des opérations financières islamiques qui nécessite un contrôle qui va au-delà de la simple garantie de la solvabilité des débiteurs ;
- et l'élaboration de programmes informatiques. Les logiciels informatiques actuellement sur le marché sont, peu ou prou, inadaptés à la spécificité des banques islamiques, ajoutant un nouveau type de risques liés à l'utilisation de la technologie informationnelle.

Les emplois à revenu fixe (mourabaha, ijara) présenteraient moins de risques que les contrats à livraison différée (salam, istisna'a) et des modes de financement participatifs (moudaraba, moucharaka). Le niveau élevé des risques liés à ces derniers instruments illustre les difficultés des banques à appliquer ces contrats, parfois complexes et difficiles à manipuler.

Le « risque de retrait »

Les fluctuations de rendement (ou, plus simplement, de faibles rendements) pour les comptes d'investissement (par rapport à la concurrence) peuvent conduire la clientèle, dans un souci de préservation de ses dépôts, à procéder à d'importants retraits. Cette situation d'incertitude, quant à la valeur réelle des dépôts, représente un risque important pour les banques islamiques.

De même, l'incapacité, pour la banque, de répondre aux exigences de la Chari'a peut provoquer, outre une rupture de contrat, un risque d'image et de confiance induisant un retrait massif des dépôts.

Le risque commercial

En raison d'une vive concurrence, l'institution financière islamique peut être dans l'incapacité de payer des taux de rendement compétitifs par rapport à ses consœurs ou autres institutions concurrentes. Elle se trouve ainsi parfois contrainte d'abandonner une partie de ses bénéfices pour rémunérer les déposants afin que ceux-ci ne clôturent pas leurs comptes. Il y a ainsi transfert du risque associé aux dépôts vers les actionnaires de la banque.

LA SURVEILLANCE DES BANQUES ISLAMIQUES

LE CONTRÔLE DES BANQUES ISLAMIQUES AUJOURD'HUI

Les banques islamiques, dont la plupart sont localisées dans les pays-membres de la Banque Islamique de Développement, sont, en général, contrôlées dans le cadre des systèmes internationaux de surveillance des banques commerciales.

Toutefois, des situations différenciées apparaissent en raison d'un manque de conformité des règles nationales aux normes définies par l'Organisation de Comptabilité et d'Audit pour les Institutions Financières Islamiques [93](OCAIFI). Seuls le Bahreïn et le Soudan ont pu adopter le cadre préconisé. Pour être applicables, les standards internationaux nécessitent une adaptation à un certain nombre de caractéristiques propres aux banques islamiques (dépôts d'investissement participatifs, risques propres aux produits islamiques, disponibilité de certains instruments de gestion des risques, présence de supports institutionnels tel que le mécanisme de prêteur de dernier ressort ou la protection des dépôts...). Aussi, afin d'harmoniser les pratiques bancaires islamiques, plusieurs organisations internationales ont-elles été créées :

---

93. Basée au Royaume du Bahreïn, l'OCAIFI a pour mission d'émettre des normes de gouvernance compatibles avec la Charia à l'intention des institutions financières islamiques.

- l'Accounting & Auditing Organization of Islamic Financial Institution (AAOIFI), fondée en 1991 à Bahreïn, a pour mission d'harmoniser les règles comptables des banques islamiques ;
- l'Islamic Financial Services Board (IFSB), créé en 2002 par plusieurs États, a pour vocation de rechercher des voies d'intégration de la finance islamique à la finance internationale ;
- l'International Islamic Financial Market (IIFM), constitué en 2002 à Bahreïn, a pour objectif de concevoir de nouveaux mécanismes et instruments de marché compatibles, à la fois, avec la Chari'a et avec un développement rapide de la banque islamique ;
- l'International Islamic Rating Agency (IIRA), agence islamique de notation, a été créée en 2002 à Bahreïn, vise à favoriser l'accès des institutions islamiques aux marchés financiers internationaux. L'appel aux investisseurs occidentaux reste toutefois limité. Il semble que seule, une coopération active entre les agences occidentales et islamiques, en vue de développer des méthodes de notation adaptées, contribuerait à une harmonisation des pratiques.

Par ailleurs, à l'instar de leurs consœurs conventionnelles, les banques islamiques à guichets doivent gérer des risques de nature multiple. En raison des obligations imposées par la loi coranique, elles ne peuvent toutefois :

- ni faire appel à certaines techniques de gestion actif-passif (Assets & Liabilities Management – ALM) pratiquées par les banques conventionnelles (utilisation d'instruments dérivés de couverture des risques de taux et de mécanismes de titrisation de créances) ;
- ni se conformer de manière satisfaisante aux ratios prudentiels imposés par la Banque des Règlements Internationaux (dits ratios de « Bâle I » et de « Bâle II »).

En effet, l'« approche Bâle II » basée sur les notations internes pourrait permettre aux institutions financières islamiques de pouvoir déployer, avec l'accord des autorités de contrôle, des systèmes pouvant répondre aux exigences particulières des modes de financement du système islamique et ainsi de développer leur propre culture de gestion des risques. Mais, pour la plupart des banques, le manque d'estimations ou de sources externes d'évaluation des crédits constitue une entrave sérieuse. En outre, étant donné la petite taille des banques islamiques et leurs capacités inadéquates de gestion des risques, il semble qu'une approche standardisée, basée sur l'évaluation externe des crédits, soit plus appropriée d'autant que cette approche octroie une mesure de risque de 100 % aux actifs pour lesquels aucune évaluation externe n'est disponible.

Dès lors, en raison de ce contexte difficile, plusieurs organisations internationales ont émis des réserves sur la capacité actuelle des banques islamiques à pratiquer une gestion efficiente de leurs risques :

* le Fonds Monétaire International a prescrit, en 2001, un ensemble de recommandations en faveur d'une meilleure régulation de la banque islamique (instauration d'une procédure internationale d'habilitation bancaire, renforcement d'un marché interbancaire islamique, développement d'instruments d'évaluation et de couverture des risques bancaires, réglementation de la communication financière...) ;

* l'International Accounting Standards Committee (IASC) a précisé, en 2002, que certaines normes IAS/IFRS (en particulier 30, 32 et 39), applicables aux firmes cotées en Bourse, ne peuvent être respectées (en l'état de leurs pratiques comptables) par les banques islamiques.

Devant la complexité des risques, la surveillance des établissements bancaires va donc passer essentiellement par une bonne adéquation du capital aux risques encourus. À cet égard, certains pays comme l'Iran, le Pakistan et le Soudan, ont entrepris des programmes de réformes de leur secteur financier visant le renforcement des fonds propres des banques, celles-ci étant faiblement capitalisées, via un programme de fusions d'établissements.

Par ailleurs, un certain nombre de nations dont le système bancaire comprend des institutions islamiques ont mis en place des processus de surveillance sur site (CAMELS) et hors-site. Dans d'autres, des lois spéciales ont été introduites afin de faciliter la tâche aux institutions islamiques (en l'absence de telles lois, les banques obéissent aux règles et directives imposées par les banques centrales). Néanmoins, dans les zones où celles-ci coexistent avec un secteur de la bancassurance peu développé, les activités des banques commerciales conventionnelles sont généralement séparées de celles du secteur de l'assurance, situation qui implique la nécessaire séparation des autorités de contrôle (la Malaisie est la seule exception). Toutefois, le développement du concept de banque universelle conduit, de plus en plus, à l'unification des organes de supervision sous la coupe d'un « méga-surveillant ».

Pour le reste, un grand nombre d'institutions ont leur propre Comité de la Chari'a. En Malaisie, au Pakistan et au Soudan, les banques centrales disposent, en leur sein, d'un Conseil central de la Chari'a. Au Pakistan, le Conseil de l'Idéologie Islamique et la Cour Fédérale de la Chari'a sont dotés du pouvoir de s'assurer de la conformité des lois avec la loi coranique.

Au total, de manière globale, la situation actuelle laisse supposer que les établissements bancaires à caractère islamique ne donnent pas l'assurance de pouvoir maîtriser l'ensemble des risques encourus d'autant qu'ils font face à deux types de risques : les risques similaires à ceux encourus par les intermédiaires financiers traditionnels et les risques propres à leur besoin de se conformer aux préceptes de la Chari'a. En conséquence, les techniques d'identification et de gestion des risques offertes par les banques islamiques sont également de deux types :

- le premier type se compose de techniques standards, telles que les compte-rendus de risques, l'audit interne et externe, la méthode RAROC, le rating interne, etc., qui s'inscrivent dans les principes de la finance islamique ;

- le second type se compose de techniques qui ont besoin d'être développées ou adaptées selon les exigences de la Chari'a.

Cependant, en raison de la diversité de leurs modes d'intervention, les banques islamiques peuvent se voir appliquer :

- soit la grille d'analyse propre aux banques conventionnelles. C'est le cas lorsqu'elles mettent en place des financements sans « partage des pertes et profits » ;

- soit celle relative aux fonds de placement dans le cas de gestion de fonds en moudaraba non restrictive ;

- soit les critères d'analyse du capital-risque et des interventions de « haut de bilan » dans les opérations de mourachaka[94].

Cette situation n'est pas sans poser de problèmes d'appréciation aux autorités de réglementation et de surveillance dans la mesure où elles

---

94. Notons que les banques islamiques disposent, en théorie, d'une meilleure marge de manœuvre dans ce type de financement où elles sont partenaires d'affaires, dans la mesure où elles sont à même d'influencer le management de l'entreprise ou du projet voire exercer un droit de vote.

seraient, en théorie, dans l'obligation d'examiner, au cas par cas, la nature des transactions sous-jacentes afin que leur contrôle soit efficace.

De surcroît, les financements avec partage des pertes et profits impliquent les établissements dans des activités qui vont au-delà de celles de la banque traditionnelle, comme par exemple la détermination de ratios de partage des pertes et profits pour les projets d'investissement. Outre qu'elle soulève les questions du capital minimum et des ratios de fonds propres, cette situation exige alors d'élargir le champ du contrôle et de la réglementation à un domaine beaucoup plus large que celui du seul secteur bancaire.

Ensuite, l'exposition des banques aux risques est aggravée par l'absence de « défaut de paiement caractérisé » du débiteur (entrepreneur) dans le cadre des contrats de moudaraba ou de moucharaka, sauf en cas de négligence ou de mauvaise gestion[95](elles ne peuvent pas non plus réduire leur risque en exigeant un nantissement ou une autre garantie). Il apparaît donc que le cadre réglementaire de la banque islamique doit insister davantage sur la gestion du risque opérationnel et la divulgation des informations que dans le cas des établissements classiques. Ainsi, du fait du caractère particulier de l'intermédiation financière islamique, le risque d'investissement peut être considéré comme le risque opérationnel le plus important pour les activités de moudaraba et moucharaka.

Enfin, de mauvais investissements pourraient conduire à un « risque d'image » et, en prolongement, à un « risque de retrait ». Seuls, des fonds propres importants pourraient restaurer la confiance perdue.

Toutes ces considérations soulignent l'importance de l'exigence de capital minimum requis. Une suggestion serait d'adopter des normes, séparées, de suffisance de capital pour les comptes courants et ceux d'investissement. Une autre alternative pourrait être de loger l'ensemble des dépôts d'investissement dans une filiale ad hoc de la banque avec une exigence spécifique de capital. Concernant l'audit de la Chari'a, chaque banque choisit actuellement son propre organe de contrôle religieux. Cette méthode ouvre la voie à une dysharmonie des pratiques bancaires au niveau international mais également au sein d'un même pays.

---

95. En effet, si un projet, financé par contrat moudaraba, enregistre une perte, la banque la supporte à titre principal. Elle est, de plus, dans l'incapacité de se retourner vers le débiteur, dont la responsabilité se borne au « temps et au travail qu'il a consacré », et ce, d'autant plus qu'il n'existe pas de moyens juridiques permettant aux banques de surveiller la gestion de l'entrepreneur.

Dans ces conditions, à des fins d'efficacité, il est souhaitable que le Département de la banque centrale, généralement organisme de tutelle, en charge exclusivement du contrôle et de l'audit de la Chari'a, puissent édicter certaines normes.

Concernant le contrôle financier, les règles viseraient :

- l'adéquation du capital ;
- les ratios de liquidité ;
- les ratios de partage de profits entre les différents pourvoyeurs de fonds ;
- les limites à l'exposition aux divers types de risques (en particulier en matière d'investissement, de clientèle ou de mode de financement spécifiques) ;
- la bonne qualité des études de faisabilité ;
- la qualité des contrats ;
- les règles régissant les opérations liées à des opérations de hors-bilan.

Outre le contrôle financier, afin de standardiser et de limiter les « décisions atypiques », cette structure pourrait également diffuser directives, bulletins, circulaires… pour attirer l'attention des différents acteurs sur les imperfections constatées en matière de Chari'a et sur la manière de les éviter.

En définitive, la gestion des risques présente certains défis aux établissements bancaires islamiques.

En premier lieu, la conformité aux injonctions de la Chari'a fait qu'un certain nombre de techniques ne peuvent être utilisées par ces institutions (swaps, assurance commerciale, instruments du marché monétaire…), ce problème pouvant être plus aigu du fait de la quasi-absence de marchés monétaires.

Néanmoins, la difficulté majeure apparaît au niveau de l'application des normes de risques pondérées en raison des caractéristiques différentes des modes de financement islamiques. Cette difficulté peut être surmontée par l'adoption d'une approche fondée sur la notation interne.

En deuxième lieu, un certain nombre de positions fiqhiques affectent directement les processus de gestion des risques, notamment le manque de moyens efficaces pour traiter la question du défaut de paiement, de la prohibition des cessions de dettes et des ventes/achats à terme de devises.

Enfin, le manque d'uniformisation des contrats financiers islamiques demeure lui aussi une source importante de défis à cet égard.

Notons, toutefois, la volonté récente de deux organismes, la Banque du Liban et la Global Association of Risk Professionals (GARP), de développer conjointement de nouvelles techniques de gestion du risque. Partant du constat que les principes financiers islamiques exigent de nouveaux standards de gestion du risque, ces deux entités se sont rapprochées afin de proposer un certificat de gestion du risque dédié aux institutions financières appliquant les préceptes de la religion musulmane. Son lancement est prévu d'ici la fin 2008.

Conclusion

« Ce que l'on déteste avec le plus de raison, c'est la pratique du prêt à intérêt parce que le gain qu'on en retire provient de la monnaie elle-même et ne répond plus à la fin qui a présidé à sa création. Car la monnaie a été inventée pour l'échange tandis que l'intérêt multiplie la quantité de monnaie elle-même [...] car les êtres engendrés ressemblent à leurs parents, et l'intérêt est une monnaie née d'une monnaie. Par conséquent, cette dernière façon de gagner de l'argent est de toutes, la plus contraire à la nature .»

Aristote, Les Politiques

La finance islamique se voulait, à l'origine, un système participatif avec une exigence éthique et religieuse de partage des rendements. Pendant longtemps, l'optimisation des profits et de la valeur de l'institution financière n'a été qu'un objectif secondaire. Le but principal était la promotion des valeurs véhiculées par le modèle financier islamique et la dynamisation de sa croissance.

Sa forme moderne est apparue au milieu des années 1970 avec la création des premières banques islamiques. Le développement de l'offre de produits bancaires et financiers conformes à la Chari'a a soutenu leur essor pendant près de deux décennies. Avec la nouvelle configuration géopolitique, qui a débuté au cours des années 1990, la tendance s'est inversée : une demande d'investissements et de crédits conformes à la loi coranique s'est fait jour en raison notamment de la masse importante de liquidités drainée par le recyclage des pétrodollars dans les économies du Golfe persique. Ainsi, aujourd'hui, c'est moins bien l'offre que la demande de finance islamique qui fournit au marché sa dynamique de développement.

Au cours de ces dernières années, le marché de la finance islamique dans le monde s'est inscrit en forte croissance, porté notamment par l'importance des investissements en infrastructures envisagés dans les pays musulmans (10 trillions USD estimés sur les dix prochaines années). La part de marché de la banque islamique varie fortement dans les 75 pays où elle est présente. Elle est particulièrement importante dans les pays du Conseil de Coopération du Golfe persique et au Yémen.

Concernant le marché « retail », les besoins des populations sont considérables. Le refinancement de ce segment est très bon marché, presque gratuit dans certains cas, car la loyauté de la clientèle favorise la stabilité des dépôts. Enfin, le couple rendement/risque du marché « retail » est attractif, notamment au Moyen-Orient, puisque les taux de chute sont peu élevés (démographie de la clientèle dominée par les fonctionnaires ; quasi-systématicité de la domiciliation bancaire...). Les marchés étant peu désintermédiés, les banques islamiques ont une mainmise importante sur les marchés de financement des particuliers et de certaines corporates (« middle market »), contrôlant une part de marché d'environ 17 %.

La finance islamique se libère progressivement de cette activité d'origine pour explorer des territoires nouveaux comme la gestion d'actifs et la banque d'investissement. Certaines institutions financières islamiques ont créé des départements dédiés à ces compartiments, en plein essor. Les métiers de capital-investissement, d'intermédiation des projets d'infrastructure et d'investissements immobiliers directs (en général, avec effet de levier via des opérations de LBO) ont fait ainsi leur entrée dans le monde de la finance islamique. Des établissements, comme Arcapita Bank, Gulf Finance House, Unicorn Investment Bank, dégagent des rendements très élevés dans des lignes de métier risquées, longtemps réservées aux acteurs de la finance conventionnelle. Des banques d'investissement islamiques, plus risquées par nature, prennent des participations majoritaires dans des sociétés en croissance, souvent non cotées, et tentent d'en dégager des rendements supérieurs par une gestion active à moyen terme des actifs acquis et l'usage systématique de la dette, tout en demeurant en conformité avec la Chari'a.

Cette dynamique est cohérente et explique, dans une large mesure, le succès des banques islamiques depuis une décennie. En effet, avec l'accès des pays à l'Organisation Mondiale du Commerce (OMC), la concurrence internationale devient plus explicite et s'intensifie. Les banques de petite taille ont peu d'alternatives stratégiques : les fusions sont culturellement difficiles ; la spécialisation opérationnelle et/ou « identitaire » via la conversion islamique est, le plus souvent, une opportunité attractive. Pour les grands établissements, développer des « fenêtres islamiques » permet d'ériger des barrières à l'entrée, en particulier pour protéger le marché « retail ».

A fin avril 2007, selon l'European Islamic Investment Bank (EIIB), l'ensemble des actifs bancaires et des investissements financiers islamiques était évalué à environ 700 milliards USD. A la même époque, on recensait :

- 504 fonds ouverts et fermés investis selon les principes islamiques dont 283 fonds en actions (dont seulement 23 sont investis en Europe contre 159 en Asie du Sud-Est) ;

- le stock des soukouks représentait environ 70 milliards USD, dont seulement 22 Mds pour les obligations internationales. L'EIIB considère que, comparé à celui des eurobonds des années 1970, le marché des soukouks a réalisé en cinq ans ce que le marché des eurobonds a mis dix ans pour atteindre ;

- enfin, la gestion alternative, le « private equity » ainsi que le takafoul (assurance) sont en plein développement.

Toutefois, la diversification par produit au sein des grandes institutions financières islamiques est restreinte. En effet, compte tenu des rendements retirés par le marché très lucratif des particuliers [96], tant dans le Golfe persique qu'en Asie musulmane, les incitations au développement de créneaux de financement particulièrement risqués et très consommateurs de fonds propres – sous forme de capital risque (« moudaraba ») ou de partenariat (« moucharaka ») – restent cependant relativement limitées.

Ce constat n'a rien d'étonnant, puisque la finance islamique et le métier de financement des particuliers vont de pair. Les ménages, plus sensibles à l'argument religieux, demeurent la cible principale des banques islamiques, bien plus que les entreprises (« corporates »), lesquelles restent davantage enclines à optimiser le couple prix-qualité dans une transaction financière. Dans ce contexte, les marchés bancaires islamiques étant peu désintermédiés, les institutions financières ont une mainmise importante sur les marchés de financement des particuliers et des entreprises (« middle market »)... Les banques contrôleraient, au total, une part de marché d'environ 17 % (Notons que les banques d'investissement, qui ne disposent pas d'une base de clientèle de particuliers, se refinancent essentiellement sur le marché interbancaire ou par émission de soukouks).

---

96. Celui-ci enregistre des taux de croissance élevés, les besoins des populations étant considérables et le refinancement très bon marché, presque gratuit dans certains cas. En outre, le renforcement de la loyauté de la clientèle favorise la stabilité des dépôts.

Au plan géographique, la tendance va au-delà du Golfe persique[97]. L'Asie musulmane attire également, de plus en plus, les convoitises des financiers islamiques du Moyen-Orient. Quant à l'Europe continentale, elle est encore au stade de la réflexion mais le sujet ne laisse pas indifférent.

* au Royaume-Uni, il y a une réelle stratégie de captation de ce marché en raison d'une demande explicite et du modèle de « community banking » anglo-saxon, bien adapté à la finance islamique (deux banques, l'une koweïtienne, l'autre qatarienne, devraient d'ailleurs obtenir prochainement leur agrément afin de proposer des produits d'investissement conforme à la Chari'a à une clientèle institutionnelle et privée) ;

* les Pays-Bas réfléchissent à une offre de produits bancaires conforme à loi coranique pour leur communauté musulmane ;

* en France, les régulateurs et les professionnels du secteur s'interrogent sur les modalités et contraintes de l'application de la finance islamique. Le droit français s'y prête bien car des mécanismes juridiques équivalents aux mécanismes conformes à la finance islamique existent (la vente à tempérament répond aux exigences de la mourabaha, le crédit-bail à celles de l'ijara). Sans être complexe, cette réflexion peut prendre du temps car certains points soulèvent des interrogations (traitement fiscal des rendements, droits de mutation en matière d'intermédiation immobilière[98]...).

En fait, concernant l'Europe continentale, la principale inconnue est la demande solvable potentielle pour les produits bancaires islamiques.

Le marché est donc porteur et un peu moins d'une centaine d'institutions dans les pays musulmans l'ont compris. Les banques conventionnelles (des établissements tels que notamment Citibank, Kleinwort Benson, Midland Montagu, Flemmings ou BNP Paribas ont, de ce fait, rejoint le secteur) s'attaquent également, désormais, à ce marché qui peut les concerner à deux niveaux : satisfaire d'une part leurs clients musulmans au Moyen-Orient et d'autre part, les communautés musulmanes vivant en Europe et en Amérique.

Au cours des prochaines années, les banques islamiques devraient continuer de générer des profits élevés, tant la croissance du marché « retail » leur est favorable (cela est vrai dans le Golfe per-

---

97. Les pays du Golfe concentrent 92 % du marché de la finance islamique.
98. Ce point est important car il touche un métier-clé des financements islamiques.

sique, mais également en Malaisie). Elles devraient également s'internationaliser davantage, mais à un rythme prudent, les marchés de prédilection étant l'Europe et l'Asie, et diversifier leurs actifs, la croissance du marché des soukouks souverains, « corporates » et même bancaires devant aider vraisemblablement à élargir la gamme des actifs éligibles. Enfin, l'innovation financière devrait s'intensifier à moyen et à long terme, et répondre à une demande de plus en plus complexe par la création de nouveaux produits de financement et d'investissement, lesquels tendront à répliquer ceux proposés par les banques conventionnelles et rivaliseront avec eux.

Mais alors que les banques et gestionnaires s'efforcent de proposer des produits rentables [99], des doutes apparaissent quant à la moralité de la finance islamique. D'aucuns y voient une « vaste supercherie [100]» et, au mieux, une opération marketing réussie (ils considèrent qu'il peut être utile pour une institution financière d'afficher, dans son catalogue, une gamme de produits conforme à la Chari'a, ne serait-ce que pour une question d'image et de marketing). Certains, même, n'hésitent pas à dénoncer un simple effet de mode [101] puisque d'autres aspects de la finance sont en plus forte croissance comme le financement de projets d'infrastructures, le capital-investissement… D'autres y reconnaissent « l'avenir financier du monde musulman ». Au total, le modèle de la finance islamique présenterait certes des limites mais il semble que son développement ne viendra pas nécessairement du monde arabe.

---

99. Pour s'assurer à moindre coût le bénéfice de la commercialisation de fonds conformes à la Chari'a, certains établissements ont choisi de proposer des fonds indiciels cotés (trackers) comme réceptacle de l'épargne populaire.

100. Pour certains observateurs, la finance islamique ne serait qu'une fiction. Elle ne serait pas vraiment islamique dans la mesure où elle a réussi, au gré d'une savante ingénierie financière, à élaborer des produits, conformes à la loi coranique, remplaçant ceux de placement classiques. Pour eux, la dimension éthique qu'était sensée revêtir la finance islamique est marginale : elle ne se limite qu'à couvrir d'un vernis « hallal » les instruments financiers traditionnels.

101. La finance islamique souffre, peut être, à l'heure actuelle, dans son effort d'expansion, des mêmes maux qu'ont connus toutes les formes d'organisation économique que les hommes ont tenté de mettre en place tout au long de l'Histoire et qui étaient fondées sur des théories économiques, le plus souvent généreuses, mais dont les principes, essentiellement normatifs, faisaient peu cas de la réalité quotidienne (christianisme social de Ludlow - en Grande-Bretagne – et le socialisme utopique de Proudhon - en France - au XIXᵉ siècle).

LES FREINS AU DÉVELOPPEMENT

En effet, outre les nombreuses contraintes liées aux principes islamiques de base, la finance islamique ne gagnera ses lettres de noblesse et ne pourra accéder à une forme de reconnaissance internationale qu'à un certain nombre de conditions.

Tout d'abord, il conviendrait d'encourager la formation de spécialistes, cumulant une expertise financière à celle du Coran.

Aujourd'hui en nombre limité, les diplômés pourraient, à terme, intégrer un Comité de la Chari'a, dont l'approbation conditionne la commercialisation de tout nouveau produit. A défaut, le capital humain pourrait constituer un obstacle important au développement du marché et à l'innovation. De nos jours, ce manque d'experts est susceptible de favoriser des conflits d'intérêt pour ceux travaillant pour différentes banques concurrentes.

Ensuite, le manque d'uniformisation des interprétations nuit à l'efficience de la finance islamique.

En premier lieu, considérons les contrats dans la banque conventionnelle, qui requièrent une définition claire et précise des droits de propriété des parties. Dans de nombreux pays musulmans, l'insuffisance de définition et de protection de ces droits associée à l'absence d'une jurisprudence codifiée et d'une autorité suffisamment reconnue à l'international [102], confère une marge d'interprétation aux experts islamiques et rend parfois aléatoire la latitude d'action des gestionnaires bancaires.

Ensuite, sachant que le droit canon islamique n'a pas de caractère national ou international, la lecture de la loi coranique est plus ou moins stricte selon les régions [103]. Les Comités de la Chari'a émettent, de ce fait, souvent des avis divergents sur des transactions de même nature en liaison avec l'influence du courant religieux prédominant dans la zone géographique concernée : si l'obédience est chiite, comme en Iran, l'interprétation y sera généralement orthodoxe ; si l'observance sunnite est prépondérante, comme dans les

---

102. Ces lacunes permettent des interprétations de la loi coranique qui évoluent dans le temps en fonction des événements affectant l'ensemble de la communauté musulmane.
103. Il n'y a pas de réelle fracture géographique entre les pays mais plutôt une concurrence intellectuelle et normative au sein même du monde musulman, reflétant les différences d'interprétation de la vulgate islamique par les quatre principales écoles de pensée, lesquelles épousent les particularités géographiques.

communautés musulmanes asiatiques ou occidentales, les Comités de la Chari'a seront plus modérés ou progressistes. Cette situation pourrait, au final, « ghettoïser » les marchés financiers islamiques.

Les autorités islamiques ont également une influence sur l'État, sur la population, sur la clientèle des banques et sur les établissements financiers quel qu'en soit le type : local comme la Bank Islam, offshore comme la banque saoudienne Al-Baraka ou occidentale comme la plupart des banques conventionnelles internationales à guichets islamiques, contraignant, de fait, le rayonnement et la marge de manœuvre de la profession bancaire.

Enfin, ce manque d'harmonisation est renforcé par les comportements atypiques de certains marchés ou autorités : par exemple, tandis que le Sultanat d'Oman a interdit la finance islamique, la Malaisie a institué une loi stipulant que 20 % des actifs bancaires de chacun des établissements du système devront être conformes à la Chari'a avant 2010. En Égypte, l'université d'Al Azhar (une référence dans le monde musulman) a édicté une fatwa disposant que l'intérêt était parfaitement licite en Islam. L'Afrique du Nord résiste face aux demandes pressantes de banques islamiques orientales. L'Indonésie fait preuve d'une grande réserve. Finalement, il n'est pas certain que les marchés financiers islamiques les plus prometteurs soient réellement dans le monde arabe. Paradoxalement, la communauté financière internationale (i.e. occidentale) est sans doute parmi les plus fervents supporteurs de la finance islamique telle qu'elle tend à émerger.

Sur ce manque de standardisation, les avis sont toutefois partagés entre d'un côté, ceux qui arguent que l'absence d'homogénéité freine le développement du marché dans certains pays et de l'autre, ceux qui affirment que la diversité de l'interprétation favorise l'innovation dans l'élaboration des produits et des opérations et permet d'adapter ceux-ci à la consommation locale. Il n'en demeura pas moins qu'en dépit de la création de l'Organization of Islamic Conferences « Fiqh Academy », l'harmonisation et la standardisation des interprétations, n'ont pu, jusqu'à présent, se réaliser. Il en résulte, dès lors, un alignement des notations des principaux instruments islamiques (soukouks, ijara, mourabaha…) sur celles des États souverains des banques émettrices : les établissements situés dans les pays modérés aux fondamentaux économiques (endettement public, balance des transactions courantes, réserves de change…) les plus solides sont ainsi favorisés.

Mais, il semble que la question de la standardisation soit, en général, mal posée. Pour les produits et leurs principes sous-jacents, cela n'aurait pas de sens, la diversité faisant partie de l'innovation financière. En revanche, lorsqu'un marché se globalise, la standardisation devient nécessaire mais touche au contenant technique. Par exemple, les soukouks et les fonds d'investissement s'internationalisent de plus en plus et sont, en conséquence, plus standardisés. In fine, la demande sanctionne la réussite d'un produit financier et, selon les classes d'actifs, elle n'est pas obligatoirement internationale et peut être parfois localisée.

Par ailleurs, le développement de la finance islamique est entravé par un manque de liquidité du marché secondaire et l'absence d'un marché « repo»[104].

La liquidité est principalement portée par les opérations de mourabaha qui se montent à 80 milliards USD. De ce fait, il y a peu de maturités longues pour les soukouks, dont les émissions atteindraient près de 20 milliards USD en 2007 (la demande risque d'être forte car les émetteurs doivent payer une prime liée à l'illiquidité du marché). Ainsi, pour les promoteurs de la finance islamique, le développement du marché secondaire apparaît comme l'un des principaux défis puisque, à ce jour, les transactions sont les plus actives sur la place financière de Londres[105], et qu'une part importante des instruments étant placés de gré à gré, la proportion de titres cotés reste très limitée.

De surcroît, les instruments de gestion de la liquidité sont souvent des instruments de taux, interdits par la Chari'a, d'où l'existence de substituts ad hoc (Arabie Saoudite) et un marché interbancaire encore immature. L'innovation financière sera cruciale dans ce domaine, ce à quoi le Liquidity Management Center (Bahreïn) s'emploie.

Enfin, la conception d'instruments islamiques pour les opérations monétaires est très difficile du fait de l'absence de supports ne portant pas intérêt. L'engagement des banques islamiques est, à ce

---

104. Le marché du repo est un marché où les courtiers en obligations gouvernementales s'échangent ces supports pour une courte durée (en général la journée) : le courtier vend l'obligation à un investisseur et la rachète le jour suivant. Ces transactions permettent d'apporter de la liquidité au marché et de favoriser, en conséquence, des maturités de plus long terme.
105. Les opérations auraient atteint près de 2 milliards USD en janvier 2007 alors que la majorité des encours cotés sont à Dubaï.

jour, particulièrement liquide et prédispose le système à détenir des réserves excédentaires. L'intermédiation est donc freinée. Ainsi, le sous-développement de ces marchés empêche la banque centrale d'intervenir au moyen d'instruments indirects et encourage l'instauration d'un contrôle direct du crédit.

Il n'existe donc pas une finance islamique… mais des finances islamiques. En définitive, toutes ces pistes de réflexion ne reviennent qu'à lui faire assumer son histoire et à assurer son avenir.

« Vision without action is a daydream. Action without vision is a nightmare. »

Proverbe japonais

Islam et microcrédit

Le microcrédit est une partie de la microfinance. Il consiste en un prêt de faible montant destiné à la création d'une activité génératrice de revenus ou à l'amélioration de l'habitat.

L'application des principes de la finance islamique à la microfinance a suscité de nombreuses réflexions [106]. Il en ressort de nombreuses interactions, les deux systèmes défendant l'esprit d'entreprise, le partage des risques et la croyance selon laquelle tout individu, même pauvre, doit prendre part aux activités économiques sur la base d'un principe d'égalité sociale.

La microfinance agit par le biais d'instruments de financement à court terme renouvelables et par la responsabilité du groupe (l'assurance islamique « takafoul » ou les instruments à garantie financière mutuelle « kifala » sont très présents dans l'esprit de responsabilité mutuelle et pourraient être adaptés aux exigences du prêt de groupe).

La microfinance a pris son essor dans un pays musulman, le Bangladesh, où les Organisations Non Gouvernementales (ONG) font face à une demande et une offre croissantes de « micro-services financiers islamiques » (MSFI) basées sur le principe du prêt de groupe [107]. Ces ONG, obéissant au principe de « matérialité » (toute transaction doit avoir une « finalité matérielle », liée directement ou indirectement à la transaction économique réelle) ne proposent pas de liquidités mais utilisent la vente à crédit (mourabaha ou « bai mu'ajal »). Des rapports témoignent de l'utilisation de la microfinance notamment en Syrie [108] et au Yémen.

---

106. R. Dhumale & A. Scapcanin, « An application of Islamic Banking Principles To Microfinance : Technical Note », United Nations Capital Development Fund, 1998.
« Islamic Banking Principles Applied To Microfinance, Case Study : Hodeidah Microfinance Programme Yemen », United Nations Capital Development Fund, January 2002.
107. Hassan & Alamgir, « Microfinance Services and Poverty Alleviation in Bangladesh : A Comparative Analysis of Secular and Islamic NGOs », (2002)
108. H.D. Seibel, A. Lubbock Et H. Dommel, « Women and Men in Rural Finance in the Syrian Arab Republic : State Owned Banking vs Self-Managed Microfinance», Centre de Recherche sur le Développement, Université de Cologne, 2002.

Toutefois, au fur et à mesure de son développement, elle a dû s'adapter aux cultures économiques, sociales et religieuses des pays mais, parfois, elle a été aussi confrontée aux pratiques islamiques plus ou moins conservatrices. En effet, certains milieux fondamentalistes accusent les promoteurs du microcrédit de vouloir « détruire l'islam » (le problème réside dans l'existence d'un taux d'intérêt et non dans le niveau de celui-ci). Ainsi, l'acceptation de la microfinance dans les pays musulmans, ou à forte densité musulmane, est variable.

Malgré la vive opposition des fondamentalistes, la large diffusion du microcrédit pourrait laisser supposer que les populations se sont affranchies de certains tabous. Néanmoins, il semble que la microfinance s'adressant à une clientèle pauvre, certains clients acceptent vraisemblablement de faire des entorses à la règle religieuse dans une logique de survie. Cette situation peut être renforcée d'autant que quelques institutions de microfinance ont proposé, la plupart du temps, certaines solutions de contournement :

- « maquillage » des intérêts en frais de service, notamment frais de dossier ;
- Mohamed Yunus, le « banquier des pauvres » (Prix Nobel de la paix – 2006), esquive la question en considérant que la Grameen Bank est la propriété de ses clients. Dès lors, l'existence des intérêts se justifierait au motif qu'il s'agirait d'un partage des risques et des profits.

Il n'en demeure pas moins que plus ces services financiers sont diffusés, plus la croissance économique s'élève et plus la pauvreté se réduit. Ainsi, ces MSFI présentent des opportunités mais posent également de nouveaux défis à l'intérêt public.

L'attention devra donc se porter sur le cadre légal et réglementaire de ces MSFI dès lors que leur rôle potentiel et leur demande croissante seront affirmés. L'orientation vers la possible considération de la microfinance comme partie intégrante de la finance dominante et les développements récents de la législation financière islamique peuvent constituer des directives pour la réglementation des MSFI.

Par ailleurs, les instruments des MSFI devront assurer à leurs actionnaires le respect des principes financiers islamiques. La pratique commerciale actuelle offrant des services financiers islamiques consiste à établir un Comité de la Chari'a, chargé de se prononcer sur la conformité des instruments financiers à la loi coranique. Or, pour les MSFI, cette démarche étant coûteuse, de nouvelles alternatives sont à considérer, en particulier la création, par les différentes organisations offrant des MSFI, d'un Comité de la Chari'a unique.

ANNEXES STATISTIQUES

CLASSEMENT DES VINGT-CINQ PREMIERS PAYS PAR MONTANT DES ACTIFS ISLAMIQUES

Institutions	Actifs islamiques (m$)	Total actif (m$)	Part des actifs islamiques / total actif (%)
Iran	154 616, 28	154 616,28	100,00
Arabie saoudite	69 379,15	219 694,05	31,58
Malaisie	65 083,37	258 569,80	25,11
Koweit	37 684,47	101 035,89	37,30
Émirats arabes unis	35 354,36	121 273,74	29,15
Brunei	31 535,19	31 535,19	100,00
Bahrein	26 251,86	84 301,00	31,14
Pakistan	15 918,21	62 540,92	25,45
Liban	14 315,82	19 066,41	75,08
Royaume-uni	10 420,47	718 340,63	0,10
Turquie	10 065,96	10 065,96	100,00
Qatar	9 459,71	37 733,24	25,07
Soudan	4 467,74	4 467,74	100,00
Bangladesh	4 331,90	7 429,16	58,31
Egypt	3 852,86	57 871,23	6,66
Jordanie	2 635,02	2 635,02	100,00
Indonésie	2 223,68	83 685,55	2,66
Suisse	813,34	1 154 550,50	0,07
Algérie	564,10	564,10	100,00
Yémen	339,02	339,02	100,00
Tunisie	279,88	279,88	100,00
Territoires palestiniens	219,19	219,19	100,00
Afrique du sud	210,98	71 245,70	0,30
Thaïlande	243,41	36 392,12	0,67
Bosnie-herzegovine	96,95	96,95	100,00

Source : *The Banker*, novembre 2007.

CLASSEMENT DES VINGT PREMIÈRES INSTITUTIONS PAR MONTANT DES ACTIFS ISLAMIQUES

Institutions	Pays	Actifs islamiques (m$)
Bank Melli Iran, Teheran	Iran	35 493,32
Bank Sadrat Iran, Teheran	Iran	34 840,09
Takaful Ibb Berhad	Brunei	31 535,19
Al Rahji Bank	Arabie Saoudite	28 093,12
Bank Mellat, Teheran	Iran	25 128,62
Amislamic Bank Berhad	Malaisie	22 263,25
Kuwait Finance House, Safat	Koweit	21 836,22
Bank Tejarat, Teheran	Iran	18 945,38
Dubai Islamic Bank, Dubai	Émirats Arabes Unis	17 544,98
Blom Bank	Liban	14 219,78
Bank Sepah, Teheran	Iran	13 913,53
Parisian Bank	Iran	10 483,10
Abu Dhabi Islamic Bank	Émirats Arabes Unis	9 881,67
Hsbc Amanah	Royaume-uni	9 725,00
National Commercial Bank Ltd, Djeddah	Arabie Saoudite	9 175,97
Bank Rakyat	Malaisie	7 784,77
Al Baraka Banking Group	Bahrein	7 625,83
Banque Saudi Fransi	Arabie Saoudite	7 302,54
Maybank	Malaisie	6 290,68
Samba Financial Group	Arabie Saoudite	5 911,88

Source : *The Banker*, novembre 2007.

Ce classement n'intègre pas les départements de finance islamique des banques internationales, sauf la filiale du groupe HSBC-Amanah (14e), la seule à avoir divulgué le montant de ses actifs (9,7 milliards USD).

La banque Saudi Fransi d'Arabie Saoudite, filiale à 31,1 % de Calyon (groupe Crédit Agricole), qui en assure le management, se place en 18e position avec 7,3 milliards USD.

Classement Des Vingt-cinq Premières Banques Islamiques D'investissement

Institutions	Pays	Part des Actifs Islamiques / Total Actif (%)
Al Rahji Bank	Arabie Saoudite	28 093,12
Qatar Islamic Bank	Qatar	4 090,25
Investment Bar	Koweit	3 978,00
Abc Islamic Bank	Bahrein	3 484,00
Ithmaar Bank Bsc	Bahrein	3 179,94
Arcapita Bank	Bahrein	2 707,71
Qatar International Islamic Bank, Doha	Qatar	2 307,12
Shamil Bank	Bahrein	1 693,26
Aayan Leasing And Investment Co	Koweit	1 642,18
Gulf Finance House Bsc	Bahrein	1 631,02
National Investment Trust, Karachi	Pakistan	1 248,40
Masraf Al Rayan	Qatar	1 188,00
Aref Invesment Group	Koweit	1 179,60
Qatar Real Estate Investment Co	Qatar	1 043,10
Kuwait Finance House (Malaysia) Bd	Malaisie	855,49
Banque Al Baraka D'algérie	Algérie	564,10
Al Baraka Islamic Investment Bank	Bahrein	559,66
The International Investor, Safat	Koweit	549,86
Khaleej Finance & Investment Co	Bahrein	519,67
Al Salam Bank	Bahrein	500,15
First Investment Company	Koweit	482,40
European Islamic Investment Bank	Royaume-uni	463,82
Al Amin Bank	Bahrein	430,94
Gulf Investment House	Koweit	388,27
Aminvestment Group Bd	Malaisie	353,93

Source : *The Banker*, novembre 2007.

CLASSEMENT DES VINGT-CINQ PREMIÈRES COMPAGNIES D'ASSURANCE

Institutions	Pays	Part des Actifs Islamiques / Total Actif (%)
Takaful Ibb Berhad	Brunei	31 535,19
Iran Insurance Company	Iran	1 515,98
Syarikat Takaful Malaysia Bd	Malaisie	825,82
The Co. For Cooperative Insurance	Arabie Saoudite	733,27
Islamic Arab Ins. Company-Salama	Émirats Arabes Unis	375,39
B.e.s.t. Takaful	Tunisie	279,88
Solidarity Insurance Company	Bahrein	227,13
Alborz Insurance Company	Iran	189,82
Al Khaleej Insurance & Reinsurance Co.	Qatar	189,43
Qatar Islamic Insurance Company	Qatar	125,93
Sheikan Ins. & Reinsurance Co.	Soudan	105,69
Takaful Ikhlas Sdn Bhd	Malaisie	99,62
Saudi Arabian Insurance Co.	Arabie Saoudite	67,80
Abu Dhabi National Takaful Co.	Émirats Arabes Unis	65,12
Gulf Takaful Insurance Company	Koweit	61,00
First Takaful Insurance Company	Koweit	54,78
Takaful International Company	Bahrein	38,50
Asean Retakaful International	Malaisie	26,09
Farest Islami Life Insurance	Bangladesh	25,78
Arabia Ace Insurance Co.	Bahrein	21,65
Karafarin Insurance Company	Iran	20,94
Pt Asuransi Syari'a Mubarakah	Indonésie	14,86
Islamic Insurance Company	Soudan	13,21
Allied Cooperative Insurance Group	Arabie Saoudite	11,95
Sosar Al Amane	Sénégal	10,51

Source : *The Banker*, novembre 2007.

CLASSEMENT DES VINGT-CINQ PREMIÈRES BANQUES ISLAMIQUES PAR « RETURN ON ASSETS » (ROA)

Institutions	Pays	Return On Assets (%)
El Nilein Insurance Co	Soudan	37,27
Tamweel	Émirats Arabes Unis	35,10
International Leasing And Investment Co.	Koweit	33,51
Karafarin Insurance Co.	Iran	21,03
Islamic Insurance Company	Soudan	20,91
First Investment Company	Koweit	20,58
The United Insurance Co. (Soudan)	Soudan	18,72
First Takaful Insurance Co.	Koweit	16,90
Al Madina For Finance And Investment Co.	Koweit	16,52
Al Safat Investment Company	Koweit	15,49
Unicorn Investment Bank Bsc	Bahrein	13,62
Aref Investment Group	Koweit	13,24
Bank Al Jazira	Arabie Saoudite	13,21
Bank Perusahaan Kecil & Sederhana Malaysia Bd	Malaisie	13,19
Sheikan Insurance & Reinsurance Co.	Soudan	13,06
National Investment Trust, Karachi	Pakistan	12,78
Arabia Ace Insurance Company	Bahrein	12,59
Arabia Ace Insurance Company	Arabie Saoudite	12,59
Kuwait Financial Centre (Markaz)	Koweit	12,01
Al Ain Ahlia Insurance Co.	Émirats Arabes Unis	11,93
International Investment Group	Koweit	11,53
Ithmaar Bank Bsc	Bahrein	10,82
Sokouk Holding Company	Koweit	10,60
Red Sea Insurance Company	Soudan	9,93
Khaleej Commercial Bank	Bahrein	9,56

Source : *The Banker*, novembre 2007.

CLASSEMENT DES VINGT-CINQ PREMIÈRES BANQUES ISLAMIQUES PAR PROFITS

Institutions	Pays	Profits avant Impôts(m$)
Bnp Paribas	France	13 920,70
Deutsche Bank Ag	Allemagne	10 700,63
Société Générale	France	10 638,73
Crédit Suisse	Suisse	2 599,87
Al Rajhi Bank	Arabie Saoudite	1 949,77
National Commercial Bank, Djeddah	Arabie Saoudite	1 675,29
Absa Group	Afrique Du Sud	1 638,02
Ocbc Bank	Singapour	1 539,20
Samba Financial Group	Arabie Saoudite	1 391,29
Maybank	Malaisie	973,30
Lloyds Tsb	Royaume-uni	966,36
National Bank Of Kuwait	Koweit	877,80
Saudi British Bank	Arabie Saoudite	811,82
Banque Saudi Fransi	Arabie Saoudite	802,92
Riyad Bank	Arabie Saoudite	776,65
Public Bank Berhad	Malaisie	690,96
Arab National Bank	Arabie Saoudite	668,82
Kuwait Finance House, Safat	Koweit	668,29
Pt Bank Rakyat Indonesia	Indonésie	654,85
National Bank Of Abu Dhabi	Émirats Arabes Unis	587,32
Bank Melli Iran, Teheran	Iran	585,58
Abu Dhabi Commercial Bank	Émirats Arabes Unis	584,67
Qatar National Bank (Al Watani)	Qatar	550,70
Saudi Investment Bank	Arabie Saoudite	535,72
Bank Al Jazira	Arabie Saoudite	527,09

Source : *The Banker*, novembre 2007.

LA BANQUE ISLAMIQUE DE DÉVELOPPEMENT

La Banque Islamique de Développement (BID) est une institution financière internationale, créée en 1976, conformément à la Déclaration d'intention émanant de la Conférence des Ministres des Finances des pays islamiques tenue à Djedda en décembre 1973.

Son **objectif** est de promouvoir le développement économique et social des pays membres, au nombre de 56 depuis l'arrivée de la Côte d'Ivoire et de l'Ouzbékistan [109], et des communautés musulmanes, tant individuellement que collectivement, en accord avec les principes de la Chari'a. La Banque est l'expression du profond désir des pays membres de l'Organisation de la Conférence Islamique (OCI) pour une coopération et une solidarité dans les sphères économique et financière afin de réaliser, au maximum, le bien être de la communauté islamique en mobilisant leurs ressources collectives.

Son **organisation administrative** s'appuie sur un Président, M. Ahmad Mohamed ALI, un Conseil des Gouverneurs et un Conseil des Directeurs exécutifs. Ses effectifs sont légèrement inférieurs à 1 000 agents. L'arabe est la langue officielle, le français et l'anglais étant des langues de travail.

Le **siège** de la Banque se trouve à Djedda (Arabie Saoudite). Elle a ouvert deux bureaux régionaux : l'un à Rabat (Maroc), l'autre à Kuala Lumpur (Malaisie). Le Conseil des Directeurs exécutifs a approuvé, en juillet 1996, la création d'un bureau de représentation à Almaty (Kazakhstan) qui sert de lien entre les pays membres de la BID et les Républiques d'Asie centrale.

Les principaux **souscripteurs au capital** de la BID sont l'Arabie Saoudite (24,56 %), le Koweït (12,23 %), la Libye (9,85 %), l'Iran (8,62 %), l'Égypte (8,52 %), la Turquie (7,77 %), les Émirats arabes

---

109.La condition d'adhésion est l'appartenance à l'Organisation de la Conférence Islamique.

unis (6,97 %). Le capital social a été doublé en 2006 : il a été porté à 30 milliards de dinars islamiques[110] (45 milliards USD - MUSD), la part souscrite passant de 12 à 22,5 MUSD.

Les opérations de la BID au **secteur privé** sont axées essentiellement sur les aides aux intermédiaires financiers ayant la charge du crédit-bail, des opérations entre banques islamiques, des fonds communs de placement et des assurances. Elle intervient également sur des projets de production et d'infrastructure, financièrement et économiquement viables :

- projets d'infrastructure concernant notamment les secteurs de l'électricité, de l'approvisionnement en eau, des transports et des télécommunications ;

- projets menés dans l'industrie ou dans l'agro-industrie ou dans tout autre domaine dont l'importance économique est considérée comme importante.

Ces projets sont **financés** par l'intermédiaire d'instruments islamiques :

- Les *prêts* sont utilisés pour le financement à long terme de projets à fort impact socio-économique ne dégageant pas en soi de recettes. Ils sont réservés aux gouvernements ou institutions de statut public (avec garantie souveraine), pour des projets dans les secteurs des infrastructures et de l'agriculture. Ils sont limités à 10 MUSD et ne portent pas d'intérêts (les coûts de gestion atteignent 2,5 % an au maximum). Leur durée va de 15 à 25 ans, avec un différé d'amortissement de 3 à 7 ans. Dans le cas de PMA[111], les conditions de durée sont de 30 ans, avec un différé d'amortissement de 10 ans, et des frais de gestion de 0,75 % an ;

- Le *crédit-bail* finance essentiellement l'acquisition de machines et équipements dans des pays à revenu moyen et élevé (coût : 6 % par an en général). La Banque conserve la propriété des biens pendant toute la période du crédit-bail, qui peut atteindre 15 ans, dont une période de gestation, qui varie de 6 à 48 mois. Le bénéficiaire est tenu de fournir une garantie gouvernementale ou bancaire de premier rang ou toute autre garantie acceptable pour la Banque. Les projets sont, en général, d'un montant inférieur à 50 MUSD ;

---

110. 1 dinar islamique = 1 DTS.
111. Pays les Moins Avancés.

- La *vente à tempérament* finance également l'achat d'actifs mais sur une période pouvant aller jusqu'à 10 ans (12 ans pour les infrastructures), y compris la durée de gestation. La propriété des actifs est transférée au bénéficiaire dès la livraison. La marge bénéficiaire est fixée actuellement aux alentours de 7 à 8 % par an. Le bénéficiaire est tenu de fournir une garantie gouvernementale ou bancaire ou toute autre garantie acceptable pour la banque. Les projets sont d'un montant compris entre 3 et 30 MUSD ;

- L'*istisna'a* finance la mise en fabrication de biens et d'équipements ainsi que des projets de génie civil. Les conditions de l'istisna'a sont proches de celles du crédit-bail (marge de 5,5 % ou Libor + 170 points de base) et de la vente à tempérament en termes de durée, taux de rentabilité et garanties. La durée de l'istisna'a est limitée à 15 ans dont une période de gestation, correspondant à la durée de fabrication, limitée à 3 ans ;

- Le *mourabaha* finance des opérations de commerce international (importations et exportations). S'agissant des importations, la Banque achète les produits et les revend au bénéficiaire. La période de financement est comprise entre 9 et 30 mois, et la priorité est accordée aux produits importés des États, qui génèrent une marge bénéficiaire minimale. Pour les exportations, la période de financement varie entre 6 et 120 mois en fonction de la nature des produits exportés.

De plus, la Banque participe au capital des projets de production industrielle et agro-industrielle. Cette prise de participation est limitée au tiers du capital du projet afin d'inciter d'autres investisseurs à y participer. Les partenaires de la Banque ne doivent pas appliquer d'intérêts financiers.

Enfin, la BID finance des transferts de savoir-faire technique qui préparent la mise en œuvre de projets ultérieurs. Cette assistance technique peut se faire, soit sous forme de participation directe au projet (études de faisabilité etc.), soit sous forme d'intervention indirecte pour la mise au point de politiques structurelles. Elle prend la forme de dons purs (essentiellement pour les PMA) jusqu'à hauteur de 300 000 USD, de prêts sans intérêt d'une durée de 16 ans, dont 4 ans de grâce avec frais de gestion de 1,5 % an maximum ou d'un mélange des deux.

Elle présente la particularité d'être une institution financière internationale rassemblant des actionnaires publics. Contrairement aux autres institutions financières, la BID ne contracte pas d'emprunts auprès des marchés financiers conventionnels qui opèrent selon une logique incorporant un taux d'intérêt. C'est pour cette raison qu'elle a développé de nouveaux instruments financiers conformes à la Chari'a pour renforcer ces ressources financières.

Outre l'institution-mère (la Banque Islamique de Développement), le groupe de la BID se compose de cinq guichets principaux :

LE FONDS D'INVESTISSEMENT (FI-BID)

Le FI-BID, créé en 1989, a pour but de mobiliser des ressources supplémentaires auprès du marché et de donner aux investisseurs privés la possibilité de réaliser des investissements rentables conformément aux principes de la Chari'a. La Banque possède 50 % du capital du FI-BID (325 millions USD), l'autre moitié étant détenue par d'autres banques et institutions financières islamiques.

Le Fonds investit ses ressources essentiellement dans des opérations de financement par le biais du crédit-bail et de la vente à tempérament. Ses actifs proviennent principalement du portefeuille de la BID pour le financement des projets. Le Fonds identifie également et directement des projets viables, notamment dans le secteur privé, et contribue à leur financement. La durée de financement varie entre 5 et 10 ans.

Le Fonds perçoit, soit une rémunération variable en fonction des taux du marché, soit une rémunération fixe actuellement comprise entre 7 et 9 % par an.

LE FONDS COMMUN DES BANQUES ISLAMIQUES (FCBI)

Créé en 1987 avec la participation de 22 banques et institutions financières, ce Fonds est doté d'un capital libéré de 100 millions USD et d'un capital variable de 280 millions USD.

Ses ressources sont consacrées au financement d'opérations commerciales au profit du secteur privé et de projets industriels et d'infrastructures pour une durée maximale de 3 à 7 ans. Le financement du commerce à partir du FBCI requiert que l'une des parties contractantes soit membre de l'Organisation de la Conférence Islamique.

Le Fonds perçoit un revenu variable indexé sur le Libor. Le rendement est calculé en fonction de la situation financière du bénéficiaire, de la situation prévalant sur le marché, du risque encouru, de la nature des biens faisant l'objet de la transaction et de la nature de la garantie offerte qui doit être, de préférence, une garantie bancaire inconditionnelle et irrévocable.

Il est le noyau pour le développement du marché financier islamique.

LA SOCIETE ISLAMIQUE D'ASSURANCE DES INVESTISSEMENTS ET DES CRÉDITS A L'EXPORTATION (SIACE)

La SIACE, dont le siège est à Djedda (Arabie Saoudite), a été créée le 1er août 1994 avec un capital de 144 millions USD dont 50 % sont détenus par la BID. La société vise à élargir le cadre des transactions commerciales et à encourager le flux d'investissements entre les états membres. Elle agit en tant qu'assureur-crédit pour les transactions commerciales et l'investissement vers les pays membres. À ce titre, elle assure les services suivants :

* assurance et réassurance contre les risques liés au défaut de paiement des exportations ;
* assurance et réassurance contre les risques liés aux pays, tels que les restrictions de transfert de fonds, expropriation, guerre, troubles civils et manquement du pays à ses engagements contractuels ;
* réassurance des opérations de couverture d'assureurs crédit.

Elle est membre du réseau Crédit Alliance depuis 2002.

LE FONDS D'INFRASTRUCTURE DE LA BID

Doté à sa création d'un capital de 1 milliard USD et d'une facilité de financement de 500 millions USD, le Fonds est le premier outil d'investissement privé consacré au développement de l'infrastructure dans le monde islamique.

Il offre aux gouvernements et aux investisseurs du secteur privé des possibilités de participation à des projets rentables dans le domaine des infrastructures, notamment l'électricité, l'eau, les transports et communications, les télécommunications et la pétrochimie. Il vise à :

* accroître le capital en investissant dans des projets d'infrastructures et des entreprises qui y sont impliquées ;
* encourager l'utilisation des financements islamiques pour le développement des infrastructures ;
* entreprendre des opérations de financement syndiqué de projets en association avec les banques et les autres institutions financières islamiques.

Il ne prend pas, en général, de participation supérieure à 40 % des projets dont les montants varient entre 10 et 100 milliards USD.

La societe islamique pour le développement du secteur privé (SID)

Créée en 1999, la SID a débuté ses activités vers mi-2000. Elle vise à encourager le développement économique par le secteur privé des états membres, en identifiant les opportunités en matière d'investissement, d'opérations de financement, de gestion d'actifs et de développement des marchés financiers islamiques, et de services-conseils financiers, essentiellement dans les secteurs de la santé, de l'agriculture et de l'industrie.

Le capital autorisé de la Société s'élève à 1 milliard USD. La Banque y contribue à hauteur de 50 %, les états membres à raison de 30 %. Le reliquat a été souscrit par des institutions financières publiques des pays membres.

Le SID propose des financements directs, de la gestion d'actifs, des financements structurés et des services conseils.

Les participants à la 29e Assemblée générale de la Banque (Koweit City, 30-31 mai 2006) ont entériné deux décisions stratégiques majeures (outre l'augmentation de capital). Leur application permettra à l'institution de parfaire son adaptation.

- Création de la Société Islamique Internationale pour le Financement du Commerce (International Islamic Trade and Finance Corporation – ITFC). Cet organisme spécialisé, dont le siège est à Djedda, doit contribuer à porter la part du commerce intra-membres à 20 % de leurs échanges à l'horizon 2016 (contre 13 % aujourd'hui). Il assistera, en outre, les États membres et les institutions de l'OCI dans leurs opérations sur les marchés financiers internationaux, accompagnera les projets d'investissement dans les pays membres, fournira une assistance technique et des formations pour les institutions publiques et privées.

- Création d'un Fonds spécial dédié aux financements dans les PMA afin de lutter contre la pauvreté : le Fund For Poverty Alleviation (PFA). Créé dans la droite ligne de l'« Initiative Abdallah », il sera abondé à hauteur de 5 milliards USD par les contributions des États membres mais également par les bénéfices de l'ITFC.

La création de ces deux nouvelles structures répond à des initiatives saoudiennes, le Royaume souhaitant conserver son rôle moteur dans l'Institution, rôle désormais, sinon contesté, au moins concurrencé par la Malaisie.

La totalité des 56 pays membres de la BID sont des pays en voie de développement ou émergents, ce qui confère à cette entité une sensibilité particulière dans l'approche du financement de projets. En effet, il n'existe pas ou peu d'institutions financières internationales susceptibles de mettre en place une telle diversité de financements : crédit, crédit-bail, vente à tempérament, financements d'importations, d'exportations, assistance technique, aide d'urgence... Ainsi, le groupe de la BID ne semble pas tendre à se substituer à ces entités mais plutôt à jouer un rôle complémentaire.

Outre une expertise incontestée en matière de financement islamique, la BID participe à la mise en place d'un marché monétaire interbancaire islamique à vocation internationale avec la banque centrale de Malaisie et la Bahrain Monetary Agency. Elle étudie également la création d'un « golden dinar », future monnaie d'échange entre les pays membres.

Aux sources
du droit musulman

L'Islam, en tant que conception de la société dans sa globalité, prend position sur toutes les questions touchant la sphère humaine. Cette religion comporte des éléments invariants (lois canoniques immuables dans le temps et dans l'espace) et des règles d'interprétation, édictées par les théologiens juristes à partir de l'analyse de situations particulières et évolutives, dans des domaines tels que la morale, l'économie ou dans la sphère sociopolitique de la vie quotidienne. Il est donc naturel que l'Islam régisse les transactions économiques et bancaires.

Le dogme mahométan est simple : le musulman doit croire en Allah, à ses anges et à ses prophètes, à la fin du monde et à la prédestination. Seuls les fuqahâ [112] distinguent les obligations que le musulman a envers ses semblables (l'aumône) de celles qu'il a envers Dieu (la prière, le jeûne).

En langue arabe, le mot Islam signifie paix, soumission et obéissance. La religion islamique représente le même message et la même règle que Dieu a révélés à chacun de ses prophètes : l'acceptation sans réserve des enseignements d'Allah. L'Islam n'est donc pas une nouvelle religion. Acte de foi par définition, celle-ci affirme des principes unitaires :

L'unité de dieu

La profession de foi (Shahada), le refus de la Trinité des chrétiens et surtout celui de l'incarnation de Dieu sur Terre caractérisent la religion musulmane. Allah se caractérise par son absolue unité et transcendance incorporelle :

Dis : « Lui, Dieu est Un ! C'est le Dieu éternel. Il n'a point enfanté, et n'a point été enfanté. Il n'a point d'égal ».

(Sourate 112, Versets 1-4).

---

112. cf. glossaire.

Pour l'Islam, Jésus et Mahomet[113] ne sont que les deux principaux prophètes du monothéisme, de simples hommes sans commune mesure avec l'Essence divine, même s'ils ont été élevés, par la grâce, au plus haut en vue de la révéler au monde. Cette divergence pèse sur la vision que les deux religions se font de la nature humaine et de ses relations avec Dieu. Chez les chrétiens, celui-ci est susceptible d'« associer » l'homme à sa vie intime par le Christ. Pour les musulmans, l'« association » au divin d'autre chose que lui-même constitue un péché mortel. Une opposition qui influence directement le rapport de chaque civilisation à l'art : l'« icône » de Jésus deviendra la pierre d'angle de la peinture et de la sculpture occidentales alors que l'Islam rejettera les images par crainte de l'idolâtrie.

L'UNITÉ DE LA COMMUNAUTÉ

La communauté fraternelle des croyants n'a pas de chef, même si certains hommes ont tenté de tenir ce rôle (cf. Imam Khomeiny en Iran). L'Histoire montre que cette unité de l'Oumma n'a pas existé longtemps. C'est pourquoi, certains leaders politiques ont espéré qu'une dynamique unitaire de l'Islam favoriserait la reconstitution de la nation arabe (cf. le panislamisme, le panarabisme de Nasser ou de Kadhafi).

Comme dans la religion catholique, il existe un Enfer et un Paradis. Pour aller au Paradis, le musulman doit observer une série de prescriptions dont l'ensemble forme la liturgie et le culte (Ibadat). Les cinq piliers de l'Islam (Arkan) sont :

- porter témoignage de l'unité d'Allah et de la prophétie de Mahomet (Shahada) ;
- faire la prière cinq fois par jour en se tournant vers La Mecque (Salat). Le vendredi, cette prière est effectuée à la mosquée sous la direction d'un Imam ;
- accomplir le jeûne et l'abstinence sexuelle, du lever au coucher du soleil, le neuvième mois de l'année lunaire (Ramadan) ;
- accomplir, pendant trois jours, le pèlerinage obligatoire (Hajj) à La Mecque au moins une fois dans sa vie et y faire sept fois le tour de la Kaaba ;
- verser l'aumône (Zakat), égale, au minimum, à un dixième du revenu. C'est une manifestation de solidarité purificatrice.

---

113. Muhammad Ibn Abdallah Ibn Abd Al-Muttalib

LES FONDEMENTS DU DROIT MUSULMAN

Tenter de séparer la religion et le Droit dans les États musulmans sans prendre en compte les textes religieux relève de l'impossible. L'Islam reconnaît un Droit musulman dont le contenu juridique fait partie intégrante d'un système de règles religieuses et morales. Il est impossible de comprendre l'Islam si l'on ne saisit pas la Loi islamique ; de même, est-il impossible d'appréhender la Loi islamique sans identifier les textes fondateurs de l'Islam.

Le Droit musulman est le droit qui régit les adeptes de la religion musulmane. Il est un système de devoirs comprenant des obligations rituelles, morales et légales, toutes mises sur le même plan, toutes soumises à l'autorité du même impératif religieux. Il ne s'applique, en principe, que pour régir les rapports entre musulmans (les adeptes des autres religions, vivant en pays islamique, sont soumis aux règles de la Dhimma). En d'autres termes, le musulman doit obéir aux préceptes du Coran dans tous les domaines de la vie jusque dans le moindre détail. En ne les respectant pas, le pécheur sera puni dans l'autre monde et devient un hérétique qui s'exclut de la communauté islamique.

Cependant, le Droit musulman ne s'est pas construit sur les seules bases scripturaires du Coran et de la Sunna. Une immense doctrine a été élaborée au cours des temps par les Fuqahâ. Malgré leurs divergences, ces jurisconsultes sont unanimes sur la théorie des sources du Droit musulman. Celles-ci peuvent être divisées en deux grands ensembles :

- les sources originelles : le Coran et la Sunna ;
- les sources dérivées de caractère rationnel : l'Idjma et les Qiyas.

LE CORAN

Le propos que Dieu a révélé à Mahomet est la forme la plus aboutie de son message car celui-ci est considéré comme le dernier des prophètes. En ce sens, le Coran est la source fondamentale de l'enseignement et de la loi islamique. Ainsi, la Loi divine est souveraine en toutes circonstances. Elle s'applique aux grands de ce monde comme aux plus humbles, à celui qui commande comme à celui qui obéit. Elle est énoncée par le Coran et illustrée par la vie du Prophète.

Dans son ensemble, le Coran a été jugé par Dieu lui-même comme une œuvre parfaite :

« Aujourd'hui, j'ai mis le sceau à votre religion, et je vous ai comblés de la plénitude de ma grâce. Il m'a plu de vous donner l'Islam pour religion » (Sourate V ; Verset 5).

Tel est le Coran, vision du monde selon la conception de Mahomet, créatrice d'une unité que ni les différences d'interprétation, ni les diversités ethniques ne sauraient rompre.

Ce manuscrit traite des croyances, de la moralité, de l'histoire de l'humanité, de culte, de la connaissance, de la sagesse, de la relation entre Dieu et l'homme ainsi que des rapports humains sous tous leurs aspects (six cents versets relèvent, à proprement dit, du droit régissant les rapports de l'individu avec la société). Une part importante est consacrée à des enseignements de la justice sociale, de l'économie, de la politique, de la législation, de la jurisprudence, du droit et des relations internationales.

En tant que code de vie sociale et religieuse, il a tout prévu, tout réglementé, implicitement ou explicitement. Ces principes, énoncés de manière intangible, sont immuables et toute réforme qui leur sera apportée constituerait une hérésie. Ainsi, revêt-il un caractère définitif et immuable.

La sunna (tradition)

La Sunna relate la manière d'être et le comportement du Prophète, modèle qui doit servir de guide aux croyants. Constituée de l'ensemble des dits et paroles [114] du Prophète (Hadith), elle permet de combler les faiblesses du Coran.

Acceptée comme seconde source du droit après le Coran, la Sunna a permis de faire admettre des règles coutumières antérieures à l'apparition de l'Islam. Il y a donc eu tout un travail d'interprétation mené par les docteurs de la Loi qui a duré jusqu'au IVe siècle de l'Hégire, époque où le califat abbasside décida d'arrêter toute interprétation en fermant « la porte de l'effort » (Bab el Ijtihad) c'est-à-dire en interdisant l'innovation. L'Islam sunnite figea ainsi la science du droit (Fiqh) notamment :

---

114. Témoins de la vie du Prophète, les Compagnons étaient les plus qualifiés pour rapporter ses paroles et ses gestes. Ils sont censés avoir consciencieusement observé sa conduite. Les Suivants s'appliquèrent à recueillir, consigner avec soin et communiquer tout ce qu'ils estimaient comme authentique. La masse énorme des notes ainsi réunies, va préciser, expliquer et compléter le Coran.

- en cristallisant la division des croyants en quatre traditions. Les rites hanafite, malékite, chafiite et hanbalite diffèrent entre eux sur de nombreux points de détails mais leurs principes demeurent communs ;

- en obligeant ces traditions à reconnaître l'autorité des Fuqahâ des générations passées (Taqlid). Le Fiqh est donc devenu immuable depuis le Xe siècle de l'ère chrétienne et toute interprétation originale nouvelle semble interdite à jamais.

L'IDJMA

Troisième source du Droit musulman, elle correspond à l'accord unanime des docteurs de la Loi. Elle est utilisée pour approfondir et développer l'interprétation légale des sources scripturaires. Pour qu'une règle de droit soit admise par l'Idjma, il faut qu'elle ait recueilli l'assentiment des Fuqahâ. Elle n'est donc pas la coutume.

Cette source du Droit musulman correspond, mutatis mutandis, à la tradition ecclésiastique des catholiques qui affirme : « quod semper, quod ubique, quod ab omnibus creditum est » (ce qui est accepté partout, par tous et pour toujours). Il y a deux types d'Idjma :

- l'Idjma explicite, qui est prononcée par les docteurs de la Loi expressément réunis pour dire la règle ;

- l'Idjma implicite où l'on raisonne ainsi : « on peut penser que les compagnons du prophète penchaient pour... »

LES QIYAS

Cette source du Droit musulman trouve sa légitimité dans le Coran et la Sunna. Elle s'appuie sur le raisonnement par analogie qui permet de combiner révélation divine et raisonnement humain. Par exemple, l'interdiction de prêter à intérêt du grain peut être étendue, par analogie, à l'interdiction de prêter à intérêt des dattes ou du raisin sec. Toutefois, dans le recours aux Qiyas, il existe des divergences d'interprétation selon les rites. Par exemple, le Coran interdit du boire du vin. Pour les malékites et les chafiites, cela signifie l'interdiction de toute boisson enivrante tandis que, pour les hanafites, si le Coran a pris soin de préciser le vin, c'est que le texte sacré ne voulait pas étendre l'interdit. De ce fait, les Qiyas ne peuvent aboutir à la création de nouvelles règles de droit.

La doctrine musulmane est divisée sur la valeur des autres sources du droit car celles-ci favoriseraient trop l'arbitraire. La loi coranique (Chari'a), très formaliste, exige que la lettre de la Loi, plutôt que son esprit, soit respectée. Ainsi, ni les décisions des cadis, ni la coutume, ni la jurisprudence ne sont des sources du droit. Pour éviter d'appliquer des solutions archaïques et afin de contourner l'interdiction, les docteurs de la Loi ont recours à des astuces juridiques (Hiyal).

Par ailleurs, si les textes sacrés de l'Islam réglementent la vie de chaque musulman sous tous ces aspects, il faut cependant comprendre que le Droit reste l'élément le plus important dans la compréhension de la religion islamique.

Deux importants changements sont intervenus dans l'histoire de la Loi islamique. Le premier fut l'introduction d'une théorie juridique qui ne se contentait pas d'ignorer, mais niait l'existence de tous les éléments qui n'étaient pas islamiques au sens strict, et qui limitaient les sources matérielles au Coran et à l'exemple du Prophète, la Sunna. Le second, qui a débuté, à la fin du XXe siècle, est la législation moderniste promulguée par des gouvernements islamiques contemporains. Ceux-ci restreignent le domaine d'application de la Loi islamique, mais interviennent dans la forme traditionnelle de la Loi elle-même.

D'un point de vue historique, la Loi islamique naquit et se développa dans un contexte politique et administratif confus de l'époque pré-islamique. Elle apparaît en 610, en même temps que la première révélation du Prophète. La période qui suit la mort de Mahomet (632) est agitée, sa succession n'étant pas résolue. C'est l'époque des califes de Médine ou « califes justes » (632-661) qui étaient les Compagnons du Prophète.

Ce n'est que sous le règne des Omeyyades, la première dynastie de l'Islam (661-750), que les cadres d'une nouvelle société musulmane furent créés, et au sein de cette société, un nouveau mode d'administration de la justice, une jurisprudence islamique, et la Loi islamique elle-même, virent le jour. Les Omeyyades furent renversées par les Abbassides, et ceux-ci tentèrent de faire de la Loi islamique, qui était encore en formation, la seule Loi de l'État. Ils n'arriveront pas tout à fait à faire coïncider la théorie et l'application pratique.

La période « moderne », comme l'entendent les Occidentaux, vit le développement de deux grands états musulmans sur les ruines de l'ordre antérieur : l'Empire Ottoman du Moyen-Orient et l'Empire

Mongol en Inde. A l'apogée de leur puissance (respectivement aux XVIe et XVIIe siècles), la loi islamique atteignit son plus haut degré d'efficacité. Lors de la domination politique occidentale, la symbiose de la loi islamique et du Droit occidental dans l'Inde britannique et en Algérie produisit deux systèmes légaux autonomes. Au total, l'influence des idées politiques occidentales sur les États musulmans au XXe siècle a conduit à une importante modernisation de la législation.

D'un point de vue théorique, la loi fut établie par une interprétation rationnelle et méthodique. Les normes religieuses et morales, qui furent introduites dans le contenu juridique, fournissent le cadre de sa cohésion interne. De nos jours, les juristes modernes, dans la majorité des états musulmans, tentent un amalgame entre les règles islamiques et les normes laïques occidentales.

En définitive, la finalité du message prophétique n'était pas de créer un nouveau système juridique, mais d'enseigner aux Hommes comment agir, que faire, et ce qu'il fallait éviter pour se présenter au Jugement dernier en vue d'entrer au Paradis. C'est pourquoi l'Islam en général, et la loi islamique en particulier, est un système de devoirs comprenant des obligations rituelles, morales et légales mises sur le même plan, toutes soumises à l'impératif religieux. Ce n'est que plus tard, lors des premières décennies des Abbassides que le droit s'est imprégné des normes religieuses et morales propres à l'Islam.

Contrairement au droit occidental qui se borne à régir les rapports des hommes et des États entre eux, les règles du Droit musulman ne se limitent pas aux rapports des hommes entre eux. Elles s'étendent à leurs devoirs envers Dieu, envers eux-mêmes et envers leurs concitoyens.

L'INDIVIDU COMME SUJET DE LA LOI ISLAMIQUE

La Loi islamique parvient, par le moyen des droits et des obligations, à rendre l'Homme, sujet. Toute personne est ainsi douée de la qualité qui lui permet de faire ce à quoi elle a droit ou est obligée (notion de capacité, inséparable de la nature humaine). En Droit musulman, la capacité juridique est envisagée sous le double aspect du Droit et de l'obligation.

Dans l'exposé relatif au consentement selon la théorie musulmane, on retrouve le problème de la prédestination ou du libre arbitre. Selon l'orthodoxie musulmane, l'action humaine dépend, à la fois de l'homme et de Dieu. Elle dépend, en premier lieu, de l'homme, car celui-ci est libre de choisir entre l'action et l'abstention. Mais si l'acte voulu par l'homme se réalise ce n'est pas un effet de la volonté humaine, mais de l'intervention divine.

De plus la volonté doit non seulement être envisagée dans ses rapports avec l'acte en soi et son objet, mais encore avec les effets légaux de l'acte qui sont donnés par la Loi islamique. Celui qui amène un homme à agir, grâce à ses paroles ou grâce à des actes contraires à la vérité, c'est-à-dire contraire à la volonté divine, est coupable de fraude.

LES DIFFÉRENTES FORMES DU DROIT

Le Coran ne distingue pas le Droit public du Droit privé. Il n'y a pas, en outre, de véritable Droit constitutionnel ce qui explique, en partie, les schismes et les conflits.

Concernant le Droit pénal, celui-ci connaît un grand nombre d'infractions mais ignore, à la différence du nôtre, un certain nombre de concepts (circonstances atténuantes, prescription, amende…). Il distingue trois types d'infractions : les infractions envers l'homme (crimes de sang), contre Dieu (prévues par le Coran lui-même) et contre la société (tout acte antisocial en relève). Très en avance sur Beccaria, l'Islam formule le principe de la légalité des infractions et des peines.

Le droit à la propriété est pleinement reconnu en Droit musulman à l'homme et à la femme, aux nationaux et aux étrangers. La femme a la pleine capacité sur ses biens. Le mari n'a aucun pouvoir de s'immiscer dans l'administration des biens de sa femme. Le régime de séparation des biens adopté par le Droit musulman a conféré à la femme le droit de disposer de la totalité de ses biens sans le consentement ni l'autorisation de son mari. En vertu de ce principe, la femme mariée peut contracter, transmettre à titre onéreux ou gratuit, transiger, hypothéquer, ester en justice sans aucune autorisation maritale. Le Droit musulman accorde ainsi une importance considérable à la propriété : la défense de celle-ci a la même légitimité que la défense de l'honneur, de la dignité et de la vie de la personne humaine.

La protection de la propriété, très marquée en Droit musulman, se manifeste, entre autres règles, par la protection de l'acquisition de bonne foi (on retrouve les notions d'usus, abusus et fructus : nue-propriété et usufruit). La propriété, en tant que droit de complète et exclusive disposition d'une chose, est appelée « Milk » alors que la possession est nommée « Yad ». En fait, contrairement à la pensée occidentale, aucune propriété n'est le bien exclusif voire réel de son possesseur. Le véritable propriétaire est Dieu qui laisse à l'Homme la jouissance du bien mais qui, en retour, doit le faire fructifier (« Khalifa fi al Ard »). Celui-ci est, de ce fait, plus possesseur que propriétaire.

Quant aux obligations , il n'y a ni de principe général de liberté de contracter, ni de théorie générale des contrats. À l'intérieur des catégories de contrats reconnus, le musulman jouit d'une assez grande liberté. Le Droit de la responsabilité est vraisemblablement la partie la plus complexe du Droit musulman des obligations dont nous décrivons succinctement, ci-dessous, les principales notions juridiques :

LA RECONNAISSANCE DES FAITS

Elle recouvre un double aspect : procédurier et matériel. Il s'agit d'un type de preuve légale mais qui, en théorie, est plus faible que la déposition d'un témoin.

- Le contrat de vente

  Il est au centre du Droit musulman des obligations. Différentes catégories de contrats ont été développées à tel point qu'il y a une grande variété de ventes : la commande de biens avec livraison ultérieure en échange d'un prix payé immédiatement (Bai'Salam), conclusion d'une vente - échange de marchandises par la paumée (Safqa), etc. Il existe un droit de rescision qui permet d'annuler ou de confirmer unilatéralement un contrat. Par ailleurs, le Droit immobilier diffère très peu du Droit général des biens.

- La forme juridique des sociétés

  Le concept de société n'existe pas en Droit musulman, celui-ci ne reconnaissant ni la personne morale, ni la personne civile. Il n'y a pas de liberté d'association à l'exception de certaines formes mercantiles qui sont tolérées.

- La succession

  En matière de succession, il est fait grief au Droit musulman de pratiquer la discrimination entre les deux sexes, dans la mesure où la part du garçon est égale au double de celle de la fille. En réalité, ce partage, voulu par Allah, correspond à une logique de distribution des rôles et des responsabilités au sein de la famille : le Droit musulman met les dépenses du foyer à la charge de l'homme et en dispense complètement la femme. En outre, le garçon doit fonder un foyer dont il aura à lui seul la charge car la femme ne doit en aucun cas contribuer aux dépenses du ménage et à la fondation du foyer. En revanche, il y a égalité des droits entre père et mère dans la succession de leur enfant lorsque celui-ci décède en laissant des héritiers mâles. De même, il y a égalité entre le frère et la sœur nés d'une même mère et d'un premier mariage dans la succession d'un frère né de la même mère et d'un second mariage, lorsque le frère ne laisse ni ascendants mâles ni descendants en droit de succéder.

- Les sûretés

  En Droit musulman, la garantie est la création d'une responsabilité supplémentaire s'appliquant au droit de recours et non à la dette.

- L'engagement sous serment

  Toute déclaration ou tout engagement, qui est souligné « *par Allah* » ou par une formule analogue, est assimilé, en Droit musulman, à un serment.

Au total, le Droit musulman ne prétend pas à une valeur universelle car il est empirique et ne possède pas de théories générales. Visant la couverture de la totalité des actes et des relations humaines, il est donc totalement incorporé dans le système des devoirs religieux. Sa nature est, dans une large mesure, déterminée par son histoire. C'est pourquoi, son traditionalisme, qui est peut-être son trait le plus marquant, est la caractéristique d'une « loi sacrée ».

L'ADAPTATION DU DROIT MUSULMAN AU MONDE MODERNE

Les états musulmans ne se tournent vers le passé que pour y chercher un modèle et non un mode de vie quotidienne à imiter tous les jours. Ils veulent conserver les normes qui ont vocation à rythmer la vie des individus et à régir le fonctionnement de la société. Mais comment traduire ce modèle, ces règles de conduite dans la vie contemporaine propre à la société musulmane ?

L'Islam est, dans son essence, comme dans le judaïsme, une religion de la Loi divine : elle exprime une conception théocratique de la société dans laquelle l'État n'a de valeur que comme serviteur de la religion révélée.

Or, jusqu'à ce jour, l'idéal musulman, dont l'objectif est d'établir l'identité de la communauté des croyants avec la société civile, n'a jamais été réalisé. C'est pourquoi, le Droit musulman a toujours reconnu aux Autorités le pouvoir de prendre des dispositions visant au bon ordre dans la société. Cependant, alors qu'en Occident, l'État, dans la définition de son ordre juridique, de ses structures, de ses finalités obéit à des critères affranchis de toute référence à la religion, l'Islam, au contraire, ne distingue pas la « Cité terrestre » et la « Cité céleste [115] ». Il ne sépare pas le temporel du spirituel : la Loi est la concrétisation de la foi. Dans cette perspective, l'État musulman joue un rôle prépondérant dans l'organisation de la société dans la mesure où il doit, en particulier, procéder à la mise en place des préceptes islamiques et veiller au respect de ce code de conduite par les individus par l'éducation voire l'autorité.

- **Islam et État**

  Les rapports de l'Islam avec l'État suscitent, dès lors, beaucoup de controverses dans le monde musulman. Qu'est ce qu'un État musulman ?

  - Est-ce l'État qui affirme officiellement son caractère musulman ? La République d'Iran, la République Islamique de Mauritanie, la République des Comores, etc.

  - Est-ce l'État qui se qualifie constitutionnellement comme tel ? Le Maroc, l'Arabie Saoudite.

  - Est-ce l'État dont la population ou la majorité de la population se réclame de l'Islam ? Le Pakistan, l'Inde, etc.

  Pour autant, un État encadrant une population musulmane peut-il s'affranchir de l'Islam ? Lorsque l'Islam est une religion d'État, la religion s'impose-t-elle à tous les citoyens ? Quel sort réserver aux étrangers dans un État dont la religion est l'Islam ? Les réponses à ces questions sont peu aisées.

  En effet, d'une part, des dizaines de millions de musulmans minoritaires vivent dans des sociétés hindouiste et bouddhiste (Inde, Sri Lanka, Birmanie), juive (Israël), catholique (Europe, Philippines) ou dans les États communistes ou l'ayant été (Chine, ex-URSS). Leur poids démographique, leur enracinement millénaire dans ces sociétés créent une situation sans précédent dans l'histoire de la communauté

---

115. En référence à la distinction faite par Saint Augustin.

islamique : alors que l'Islam possède une législation réglementant l'existence des communautés musulmane, juive ou chrétienne dans sa « Maison », elle ne possède, en revanche, aucune disposition pour les minorités musulmanes hors du « domaine de l'Islam ».

D'autre part, les états, régis exclusivement par le Droit musulman c'est-à-dire qu'ils affirment traduire la volonté de l'Islam en matière d'organisation du pouvoir, sont, de nos jours, peu nombreux. De plus, malgré les exemples, radicalement différents, de l'Iran et de l'Arabie saoudite, cet archétype n'existe pas en réalité car si la Chari'a comporte des règles précises et nombreuses en Droit privé, elle n'en comporte presque pas en Droit public. En fait, la loi coranique fournit des orientations générales mais pas de modèles. Or, ces principes généraux peuvent faire l'objet d'interprétations différentes, en fonction des circonstances de temps et de lieu.

Cette situation ne signifie pas pour autant que l'Islam, bien que marqué historiquement, soit révolu. Concernant près d'un quart de la population mondiale réparti dans près de 80 pays, il se doit de s'adapter au monde moderne sans remettre en cause la Loi divine.

- **La place de la Loi islamique dans les sociétés musulmanes**

Les relations entre l'État et la religion dans les États musulmans ont suscité des controverses. Il est difficile d'appréhender la problématique de la cohabitation et de l'intégration de deux ordres normatifs fondés sur des sources différentes, en l'espèce celles du droit positif et du droit coranique.

Il semble qu'il y ait eu un processus de ré-islamisation par le haut et par le bas. Par le haut, c'est-à-dire une réponse des régimes des états musulmans à la poussée des mouvements islamistes ; par le bas, par l'avancée de ces mouvements islamistes. En examinant les législations des différents états musulmans, on observe que ces processus de ré-islamisation par le haut se traduisent par une réintroduction progressive des référents islamiques dans l'espace juridique musulman.

Par ailleurs, devant l'occidentalisation de la société et, en particulier du Droit [116], difficilement contrôlable, certains états musul-

---

116. Selon Joseph SCHACHT, l'ingérence législative moderniste dans le Droit musulman débuta avec la loi ottomane sur les droits familiaux en 1917. Elle s'est poursuivie, par la suite, dans de nombreux états musulmans. Aujourd'hui, à côté du Droit musulman stricto sensu, il y a toujours un droit positif qui obéit aux principes du premier mais qui régit également la société par des règles et des coutumes diverses dans bien des domaines.

mans ont réagi. Faute de pouvoir s'unir autour du message du Prophète, ils ont constitué, en 1969, l'Organisation de la Conférence Islamique (OCI), comprenant 55 états et dont le siège est à Djedda (Arabie Saoudite). L'objectif de cette institution est de concrétiser la solidarité musulmane. C'est ainsi qu'elle a participé à la création de nombreux fonds d'aides, tel le Fonds Arabe de Développement Économique et Social (FADES) ou la Banque Islamique de Développement (BID) pour aider les pays ou les communautés musulmanes en accord avec les principes de la loi islamique, ou le Fonds saoudien de développement pour fournir une aide au Tiers-monde. En outre, cette entité a créé l'Organisation Islamique pour l'Éducation, une Académie du Fiqh et une Cour de Justice Internationale, dont l'ambition est de codifier le Droit international islamique.

Géographie des Actifs financiers islamiques

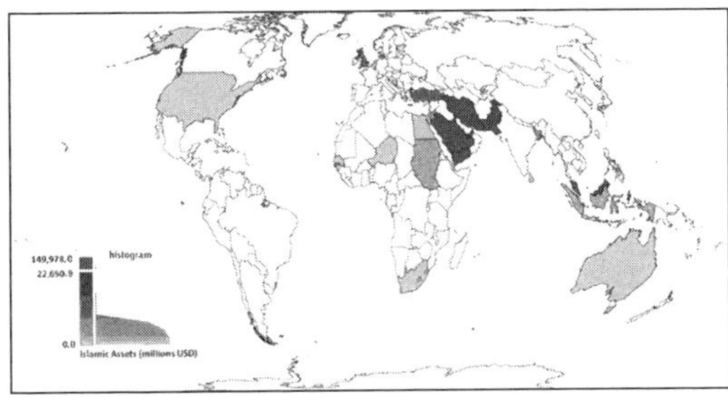

Source : *The Banker*, novembre 2007

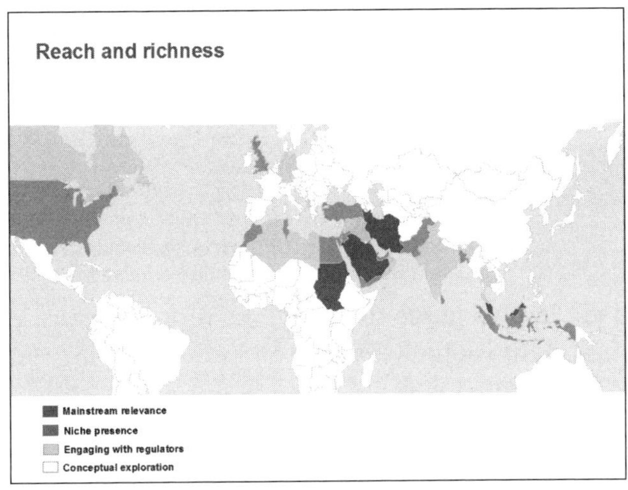

Source : HSBC Amanah

GÉOGRAPHIE
DE LA POPULATION MUSULMANE

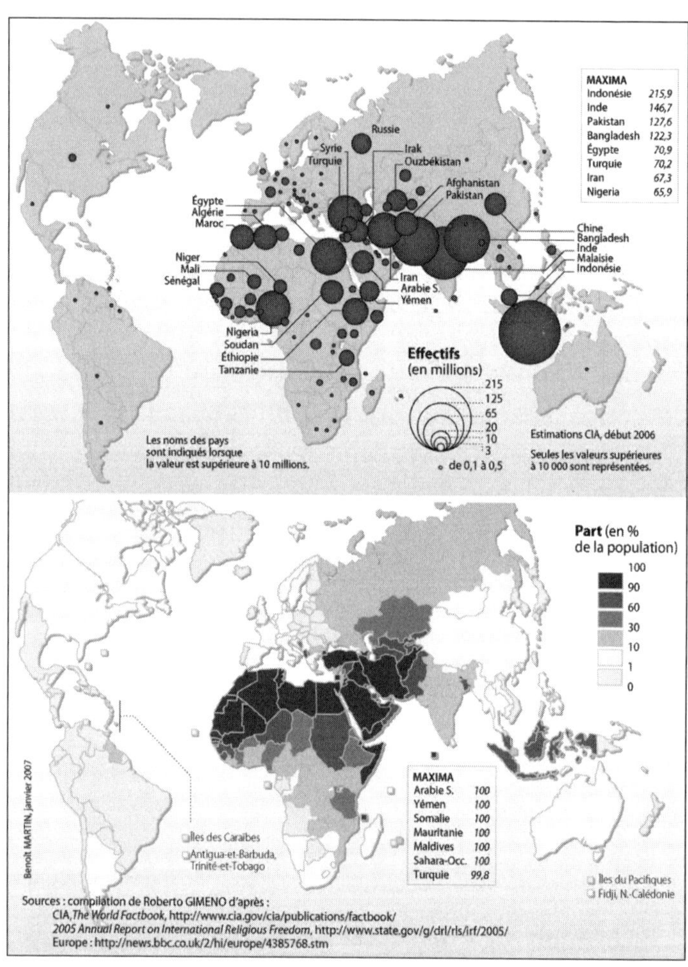

M.F. Durand, P.Copinschi, B. Marin, D. Placidi,
Atlas de la Mondialisation © Presses de Sciences Po, 2008.

L'islam est la plus jeune des religions monothéistes. Elle est apparue en 622, dans l'actuelle Arabie Saoudite, avec la prédication du prophète Mahomet. L'époque précédant son apparition est nommée : « L'âge de l'ignorance » (Jahiliyah).

Aujourd'hui, avec plus d'un milliard de pratiquants, elle est la deuxième religion du monde derrière le christianisme.

Quarante pays sont, en majorité, musulmans : la péninsule arabique, l'Afrique du Nord, l'Asie, la Malaisie, l'Indonésie.

BIBLIOGRAPHIE

OUVRAGES

- *Le Coran*, traduction française d'Albin de Biberstein Kazimirski (1840), Notice préliminaire et notices sur Mahomet et le Coran de Maxime Rodinson, Éditions Garnier Frères, Paris, 1981.

- The Accounting and Auditing Organization of Islamic Finance Institutions (AAOIFI), Accounting, Auditing & Governance Standards for Islamic Financial Institutions, 2004 – 5ème Edition (Financial Accounting Statements), Bahrain, 2005.

- F. Adelkhah, *L'imaginaire économique en République islamique d'Iran*, In J.F. Bayart, *La réinvention du capitalisme*, Khartala, Paris, 1994.

- S. Archer, A. Rifaat, *Islamic Finance: Growth and Innovation*, Euromoney Books, London, 2002.

- R. Blachere, *Le Coran*, Presses Universitaires de France, Collection « Que sais-je ? », n°1245, Paris, 1999.

- A.M. Delcambre, *L'Islam*, Éditions La Découverte, Collection « Repères », Paris, 2001.

- M.A. El-Gamal, *A Basic Guide to Contemporary Islamic Banking and Finance*, Rice University, Juin 2000.

- D. El-Hawary, W. Grais, Z. Iqbal, *Regulating Islamic Financial Institutions: The Nature of the Regulated*, World Bank Policy Research Working Paper 3227, Mars 2004.

- M. El-Qorchi, Islamic Finance Gears Up, *Finance and Development*, Décembre 2005, International Monetary Fund.

- M. Gilsenan, *Connaissance de l'Islam*, Khartala-Iremam, Paris, 2001.

- A. Hales, Tapping Surplus Liquidity, *Risk Magazine*, Automne 2005.

- Mc Henry, *Islamic Financial Movements: Midwives of Political Change in the Middle East*, Annual Meetings of the American Political Science Association, août 2001.

- Z. Iqbal, A. Mirakhor, *An Introduction to Islamic Finance : Theory and Practice*, John Wileys & Sons, 2006.

- Islamic Research and Training Institute, Islamic Development Bank, Islamic Financial Services Board, *Islamic Financial Services Industry Development : Ten-Year Framework and Strategies*, mai 2007 (www.ifsb.com).

- M. Kahf, *Islamic Banks at the Threshold of the Third Millennium*, Islamic Research and Training Institute (IRTI) of the Islamic Development Bank (IDB), Jeddah, 2001.

- I. Karich, *Le système financier islamique*, Editions Larcier, Paris, 2004.

- A. Martens, *La finance islamique : fondements, théorie et réalité*, Université de Montréal, Centre de Recherche et Développement en Economique, Cahier 20-2001, Montréal, 2001.

- K. Richard, *Two Aspects of Rating Sukuk: Shariah Compliance and Transaction Security*, Standard and Poor's Research, 2006.

- K. Richard, *A Closer Look at Ijara Sukuk*, Standard and Poor's Research, 2005.

- J. Schacht, *Introduction au droit musulman*, Maisonneuve et Larose, Paris, 1999.

- L. Siagh, *L'Islam et le monde des affaires*, Editions d'Organisation, Paris, 2003.

- Y. Thoraval, *Dictionnaire de civilisation musulmane*, Larousse-bordas, Paris, 2001.

- I. Warde, *Islamic Finance in the Global Economy*, Edinburgh University Press, Edinburgh, 2000.

- R. Wilson, *Overview of the Sukuk Market*, In Adam, N. J. and A. Thomas (eds.) « *Islamic Bonds: Your Guide to Issuing, Structuring and Investing in Sukuk* », Euromoney Books, London, 2004.

Articles

Revues

- J-S Chucri, « La finance islamique : une intégration possible dans le système bancaire français », *Banque & Droit*, n°106, mars-avril 2006.

- J-S Chucri, « Titrisation islamique : comment accéder à une nouvelle base d'investisseurs », *Banque & Droit*, n°109, septembre 2006.

- W. Edwardes, « Demystifying Islamic Banking And Finance », *Treasury Management International*, septembre 2001.

- M. El Khoury « Techniques de financement islamique, une discipline peu connue en France », *Banque & Droit*, n°92, novembre-décembre 2003.

- P. Grangereau, M. Haroun, « Banques islamiques : la problématique de la mise en place de cofinancements », *Banque magazine*, n°657, avril 2004, pages 56-60.

- P. Grangereau, M. Haroun, « Financements de projets et financements islamiques », *Banque & Droit*, n°97, septembre-octobre 2004.

- A. Hassoune, « La solvabilité des banques islamiques : forces et faiblesses », *Revue d'Economie Financière*, n°72, novembre 2003.

- J.B. Heinrich, « Les principaux contrats de financement utilisés par les banques islamiques », *La Revue Banque*, n°478, décembre 1987.

- V. Nienhaus « L'économie islamique : de la religion à la réalité », *In Problèmes économiques*, n°2564, 15 avril 1998.

divers

- « Islamic bond market coming of age » by Gordon Platt, Global Finance, novembre 2003 ; http://findarticles.com/p/articles/mi_qa3715/is_200311/ai_n9315583/pg_1.

- « United Kingdom: Islamic Financing Spreads in the Middle East , A Q & A with White & Case´s Craig Nethercott, Mohammed Al-Sheikh and Christopher », 28 mars 2006.

- « Sur la vague de la finance islamique … » by Laurent Denayer and Elie Flatter, Ernst & Young Luxembourg, avril 2006.

- « JBIC in talks on Islamic bond issue », Financial Times, 17 août 2006 ; http://www.ft.com/cms/s/acb188e8-2e34-11db-93ad-0000779e2340.html.

- « United Kingdom: Economic Review, Fourth Quarter 2006 - The UK's Financial Services Sector » by Roger Bootle, Economic Adviser, Deloitte, 7 Novembre 2006.

- « Britain leads secondary market for Islamic bonds », David Oakley and Gillian Tett, Financial Times, 5 février 2007 ; http://us.ft.com/ftgateway/superpage.ft?news_id=fto020520071449423502"e_id=2.

- « Need to spur secondary sukuk market in Dubai », Khaleej Times, 24 Février 2007 ; http://www.menafn.com/qn_news_story_s.asp?StoryId=1093144172.

- « Cayman Islands: Sharia- Making Waves In The Investment World! » by Mark Beckford, 27 février 2007.

- « Ed Balls, City Minister hosts high level summit on Islamic finance », Press release, mars 2007 ; http://www.hm-treasury.gov.uk/newsroom_and_speeches/press/2007/press_46_07.cfm.

- « United Kingdom: London: The New Souk For Sukuk » by Benjamin Macfarlane, 17 avril 2007.

- « UK to issue west's first Islamic bonds » by James Blitz and Gillian Tett in London, Financial Times, 22 avril 2007 ; http://www.ft.com/cms/s/fd3c3728-f0fc-11db-838b-000b5df10621.html.

- « Government mulls issuing Islamic bonds », 23 avril 2007 ; http://investing.reuters.co.uk/news/articlebusiness.aspx?type=businessNews&storyID=2007-04-22T232813Z_01_L222647_RTRUKOC_0_UK-BRITAIN-ISLAMICBONDS.xml&WTmodLoc=HP-C4-Business-3.

- « Islamic finance – The rise of sharia-compliant investments » ; http://www.ethicalcorp.com/content.asp?ContentID=4856.

- « UK Taxation of Islamic finance – where are we now? » by Mohammed Amin ; http://pwc.blogs.com/mohammed_amin.

REVUES SPECIALISÉES

- Arab Banker;
- Arab Banking & Finance;
- Islamic Finance Weekly;
- Standard & Poor's reports.

SITES INTERNET

SITES D'INSTITUTIONS FINANCIÈRES

- Bahrain Monetary Agency (BMA) ; www.bma.gov.bh ;
- International Islamic Financial Market (IIFM) ; www.iifm.net ;
- Bahrain Institute of Banking & Finance (BIBF) ; www.bibf.com ;
- Accounting and Auditing Organization for Islamic Financial Institutions (AAOIFI) ; www.aaoifi.com ;
- Bahrain Financial Harbour (BHF) ; www.bfharbour.com ;
- Dow Jones Islamic Market Indexes (DJIM) ; www.djindexes.com ;
- FTSE Global Islamic Index Series ; http://webserver2.ftse.com ;
- Banque Islamique de Développement (BID) ; www.isdb.org.

SITES D'INFORMATIONS

- www.dc3.co.uk ;
- www.failaka.com ;
- www.hifip.harvard.edu ;
- www.islamic-banking.com ;
- www.islamic-economics.com ;
- www.islamic-finance.net ;
- www.islamicretailbanking.com ;
- www.islamiq.com ;
- http://aslim-taslam.com.

Glossaire

A

Al Ajr

Commission, frais ou rémunération facturés pour des services.

Al-kharaju bi al-daman ; al-ghunm bi al-ghurm

Ce sont les deux axiomes de la finance islamique impliquant que le droit à un revenu émanant d'un bien est intrinsèquement lié à l'assomption de la perte liée à ce même bien.

Allah (allâh)

Mot arabe, nom propre de Dieu. Contrairement au mot « Dieu » provenant de la racine latine « Deus », ce vocable ne peut pas être mis au pluriel et n'a pas de genre (féminin, masculin).

Amana (amanah)

Littéralement : fiabilité, loyauté, honnêteté.

Techniquement : une valeur importante de la société islamique dans les relations mutuelles. Le terme renvoie également aux dépôts fiduciaires. Une personne peut détenir des biens pour le compte d'autrui, parfois en application d'un contrat.

Al rahn al

Accord aux termes duquel un actif est affecté en garantie d'une dette. Cette garantie peut être utilisée en cas de défaillance.

Al wadia

Revente de marchandises avec une remise sur le prix initialement indiqué.

AQIDA ('AQÎDA)

Théologie qui fixe les dogmes et précise les croyances du musulman.

ARKAN (ARKÂN AL-ISLAM)

Terme désignant les piliers de la religion islamique. La tradition en retient cinq :

- L'attestation de la foi (Shahada) ;
- La prière (Salat) ;
- Le jeûne (Sawm) ;
- L'aumône (Zakat) ;
- Le pèlerinage (Hajj).

'ARIYA

Prêt consistant au transfert gratuit de l'usufruit d'un bien

AYAT (ÂYAT ; PL. ÂYÂT)

Signe divin ; verset du Coran.

AYAT AL-ALKAM

Versets du coran servant de base juridique.

B

BAI'AL-ARBOON

Contrat de vente en vertu duquel un dépôt de garantie est effectué d'avance en règlement partiel du prix de la matière première achetée. Ce dépôt est conservé si l'acheteur ne respecte pas ses obligations.

BAI'AL DAYN

Financement de dette : fourniture des ressources financières nécessaires à la production, au commerce et aux services sous forme de vente/achat de documents commerciaux.

Elle constitue une facilité à court terme dont l'échéance ne dépasse pas un an. Seuls les documents représentant des dettes découlant de transactions commerciales de bonne foi peuvent être négociés.

Bai'Bithaman Ajil

Contrat de vente de biens à paiement différé. La banque achète les biens d'équipement ou les marchandises demandés par le client et les lui revend ensuite à un prix convenu, majoré de sa marge bénéficiaire.

Le client peut régler en plusieurs fois sur une période prédéfinie ou en un seul versement. Ce contrat s'apparente au contrat Mourabaha mais avec paiement différé.

Bai'Muajjal

Contrat portant sur la vente de marchandises sur la base d'un paiement différé.

L'apporteur de capitaux (la banque) achète un bien et le revend à un client à un prix convenu, incluant une marge. Le client rembourse la banque selon un planning d'échéances convenu.

Ce type de contrat est assez semblable au Mourabaha puisqu'il s'agit également d'une vente à crédit.

Une institution financière de Malaisie offre actuellement une carte VISA islamique basée sur ce type de contrat.

Bai'Salam

Contrat de vente par lequel un client-acheteur paie à l'avance des marchandises (à l'exclusion de l'or et de l'argent), qui lui seront livrées plus tard.

Ce type de financement est plus particulièrement utilisé lorsqu'un entrepreneur a besoin d'une mise de fonds pour initier la fabrication d'un produit destiné à son client. En contrepartie de cette avance, l'acheteur bénéficie d'un prix favorable.

Il s'agit là également, comme dans le cas de l'*Istisna'*, d'une exception à la règle de la Chari'a selon laquelle un individu ne peut vendre un objet dont il n'est pas propriétaire.

Baitul Mal

Trésorerie.

Band al-Ihsan

Clause de bienfaisance dans un contrat *Salam*, utilisée au Soudan.
Elle vise à compenser la partie du contrat qui se trouve durement affectée par les changements de prix entre la date de signature du contrat et son exécution finale.

C

CADI (QÂDÎ)

A la mort de Mahomet, en 632, les musulmans lui donnent pour successeur un calife, Abu Bakr. Il s'agit d'un juge musulman dont la compétence s'étend aux questions relatives à la religion. Il statue avec l'assistance d'un conseil habilité à lui donner des conseils juridiques et des témoins dont la moralité est indiscutable, auprès desquels les justiciables auront la possibilité de pré-constituer leurs preuves.

Au Moyen-Âge, le califat incarne le principe d'une unité de la communauté des musulmans (l'Oumma) et concentre le gouvernement de l'État et de la religion. Cependant, dès le XIe siècle, le calife est écarté du pouvoir au profit du sultan. Après la prise de Bagdad par les Mongols, en 1258, le califat, réfugié au Caire, sombre dans l'oubli. Au XVIIIe siècle, les sultans ottomans en revendiquent de nouveau la dignité ; Mustafal Kemal abolit le califat ottoman en 1924. Aujourd'hui, les fondamentalistes entretiennent l'espoir de sa restauration.

CHAFIITES (CHAFI'ITES)

École juridique (ou rite) musulmane sunnite prédominant en Asie et en Afrique noire orientale.

CHARI'A (SHARIAH, SHARÎ'A)

Loi islamique, loi coranique. Droit canon islamique découlant de la stricte application des préceptes du Coran et des Hadiths.

Elle prescrit aux croyants le « chemin à suivre » dans la vie quotidienne. Les peines qu'elle prévoit n'ont pas, pour finalité, de réhabiliter l'individu mais de le punir publiquement afin de décourager, par cet exemple, la répétition de l'infraction.

Elle désigne par extension l'ensemble des préceptes islamiques. Son application stricte est aujourd'hui le point de convergence de la nébuleuse des fondamentalistes.

COMITÉ DE LA CHARI'A

Organe indépendant composé de juristes spécialisés en Fiqh Al Mouamalat (jurisprudence commerciale islamique), chargé d'orienter, d'examiner et de superviser les activités d'une institution financière en vue de leur conformité aux principes de la Chari'a.

Coran (Qur'ân)

Ce livre saint (Kitab) rassemble sous forme de chapitres (sourates) et de versets (âyât) les révélations faites, durant une vingtaine d'années (612-632 après J.-C.) par Dieu, au Prophète Mahomet par l'Archange Gabriel. Il est composé de 114 sourates qui comportent plus de 6 200 versets. Seuls environ 500 sont d'une utilité juridique directe : ce sont les « versets légaux ».

Une Commission, désignée par le troisième calife Osman et présidée par Zaïd, a mis au point le texte officiel du Coran qui constitue ainsi un ensemble indissociable de principes de foi et de règles de vie politique et sociale.

D

Dar Al Ahd (Dâr Al-'Ahd)

« Maison de l'alliance ». Société des non-musulmans ayant conclu un pacte avec Dar Al Islam.

Dar Al Harb (Dâr al-Harb)

« La maison des autres ». Communauté des non-musulmans n'ayant pas conclu de pacte avec Dar Al Islam.

Dar Al Islam (Dâr al-Islâm)

La communauté des musulmans est l'Oumma.

En tant que société religieuse concrète, elle est dénommée Dar Al Islam : « Demeure de l'Islam » qui se différencie de Dar Al Harb et de Dar Al Ahd.

Dhimma

Protection tutélaire.

Les seules religions tolérées par les musulmans sont les religions scripturaires juive et chrétienne, dont les adeptes sont mieux traités que les idolâtres ou les athées : juifs et chrétiens sont dhimmi. Pour bénéficier de ce statut qui les a protégés, ils payaient un impôt spécial (djizya = capitation) qui n'existe plus aujourd'hui.

E

ÉCOLE MALIKITE

Le rite malikite est la somme de l'enseignement reçu puis transmis par l'Imam de Médine, Malik Ibn Anas, auteur du premier traité de droit musulman et premier recueil de hadiths : « *al-Muwatta'* ».

Les bases juridiques de cette école sont succinctes : avant tout, le Coran (comme pour les autres écoles), puis la sunna, connue principalement par les coutumes médinoises (« *'Addât al-Madina* »), mais aussi le consensus des savants (« *ijmâ* »), l'opinion personnelle (« ra'y ») qui découle de la réflexion *(« fiqh »)* et de l'effort d'interprétation personnelle *(« Ijtihâd »)*, ainsi que le raisonnement par analogie *(« qiyâs »)*.

Bien qu'elle soit assez scrupuleuse sur le plan de la pratique religieuse, cette école est aussi, avec l'école hanafite, la plus ouverte et la plus souple dans son adaptation aux différences réalités locales et temporelles. À la suite de son fondateur, elle a une intention fondamentale tournée avant tout vers la préservation de l'unité de l'« oumma », préférant cultiver ce qui réunit que de rechercher des solutions juridiques qui pourraient diviser. Cela la distingue notamment de l'école hanbalite, plus vindicative.

ÉCOLE HANAFITE

École fondée par 'Abu Hanifa. Sa jurisprudence prend, comme source première, le Coran, puis les seuls hadiths admis par l'ensemble de la communauté, partageant ainsi le même souci et la même doctrine essentielle que l'école malikite en ce qui concerne les fondements du Droit. Il admet également l'opinion personnelle et l'« ijtihâd ».

Soutenue par les Abbassides, les Seldjoukides et les Ottomans, l'école hanafite s'est enracinée principalement chez les non-arabophones, principalement en Turquie et en Chine. Considérée par certains commentateurs comme plus « ouverte » que les autres courants, il lui est toutefois souvent reproché un certain sectarisme (« taqlîd ») pouvant figer sa capacité d'adaptation aux nouvelles réalités.

ÉCOLE CHAFIITE

Cette école s'inspire de la pensée de l'imam Chafi'i qui fit, dans son ouvrage : « al-Ikzfala », une synthèse des écoles malikite et hanafite avec pour souci une meilleure articulation des sources de la loi musulmane à la réalité contemporaine. Selon lui, les sources du Droit doivent être le Coran, les « hadiths » (sans toutefois donner de priorité à la coutume traditionnelle de la communauté), les « qiyâs » (qui ne doivent intervenir, selon cet imam, que lorsque les deux premières sources de la Loi n'apportent aucune réponse à une question précise ou nouvelle), l'« Ijmâ` ». Quant à l'opinion personnelle (« ra'y »), celle-ci est écartée purement et simplement des sources du droit musulman, contrairement aux deux écoles précédentes, avec pour conséquence le figement de l'interprétation (« Ijtihâd ») personnelle.

Cependant, avec le temps et l'influence des deux premières écoles, un recentrage s'est peu à peu opéré dans cette école pour donner un peu plus de poids au consensus (« ijmâ' ») des savants, ce qui libéra partiellement l'« ijtihâd » de la stricte dépendance au « hadith » (considéré jusque là, par cette école, comme la norme absolue de la sunna). Cette école s'est implantée en Arabie, au Nord de l'Égypte, en Afrique de l'est et dans tout l'Orient : Inde, Indonésie, Malaisie, Thaïlande, Viêt-nam, Philippines.

ÉCOLE HANBALITE

Cette école se réclame d'Ahmad Ibn Hanbal. Elle est pratiquement née du conflit qui a opposé Ibn Hanbal aux Mu'tazilites (rationalistes hellénisants intolérants) et aux autorités politiques qui les soutenaient.

La polémique qui l'opposa à ces derniers, au sujet de la nature du Coran, et qui lui valut la persécution, donna, dès le départ, à cette école une teinte contestataire, alors que dans sa doctrine, Ibn Hanbal privilégiait surtout la sunna et l'unité communautaire.

En écartant le « ra'y » et les « qiyâs » des sources du droit musulman, le hanbalisme (et surtout sa variante wahhabite) a été accusé de sectarisme (« taqlîd »), de plus en plus décalé par rapport aux réalités environnantes.

Cette école Hanbalite se cantonne essentiellement en Arabie Saoudite où elle a donné naissance à une nouvelle école : le wahhabisme, qui est un hanbalisme réformé.

F

Faqih (Faqîh ; pl. fuqahâ')

Jurisconsulte donnant des avis sur des questions juridiques.

Fatwa

Avis juridique rendu sur un point de doctrine après consultation de certaines autorités religieuses.

Cette appréciation est non contraignante puisqu'elle constitue une opinion, délivrée soit par un faqih, soit par un uléma, soit par un mufti. L'audience qu'on lui accorde dépend de la compétence juridique ou du poids politique du musulman qui le rend (Imam Khomeiny).

Dans les opérations de financement islamiques, une fatwa est émise par le Comité de la Chari'a afin de confirmer la conformité avec la loi coranique de la structure concernée.

Fiqh

Corpus de la jurisprudence islamique.

Contrairement à la loi conventionnelle, le fiqh couvre tous les aspects de la vie religieuse, politique, sociale ou économique. Outre les pratiques religieuses telles que la prière, le jeûne, la zakat ou le pèlerinage, il s'étend également aux lois concernant le code de la famille, les successions, le droit économique, le droit social et les obligations, le droit commercial, le droit pénal, le droit constitutionnel et les relations internationales en temps de guerre comme en temps de paix.

L'intégralité du corpus du fiqh est basée principalement sur les interprétations du Coran et de la Sunna, et accessoirement sur le consensus (Ijma') et l'Ijtihad (effort de jugement individuel).

Tandis que le Coran et la Sunna sont immuables, les décisions du fiqh peuvent évoluer selon les circonstances.

Les écoles les plus connues sont les tendances hanifite, malikite, chafiite et hanbalite. Le spécialiste en est le faqih.

Fuqaha

Spécialistes du droit musulman, dont les plus éminents jouent, depuis le VIIIe siècle, un rôle essentiel dans l'élaboration de la jurisprudence musulmane et garantissent la Loi (Chari'a).

Le terme d'uléma (savant) recouvre une catégorie plus large de lettrés.

G

Gharar

L'une des trois interdictions fondamentales en finance islamique (avec le riba et le maysir).

Littéralement : tromperie, danger, risque ; incertitude, hasard, risque.

Techniquement : dans le corpus de la jurisprudence, ce vocable signifie celui qui s'expose à un risque, à un danger excessif dans une transaction d'affaires du fait de l'incertitude sur le prix, la qualité et la quantité de la contre-valeur, la date de livraison et la capacité du vendeur ou de l'acheteur de tenir sa promesse, causant ainsi à l'une des deux parties, une perte inutile.

Ainsi, il s'agit d'un concept complexe qui recouvre certains types d'incertitudes ou d'imprévus liés à un contrat. En d'autres termes, la vente d'un bien non possédé (par exemple vendre le poisson avant de l'avoir pêché) est condamnée par l'Islam.

L'interdiction du Gharar sert souvent de fondement aux critiques des pratiques financières classiques (vente à découvert, spéculation, produits dérivés).

H

Hadith (Hadîth ; pl. ahadith)

Récits rapportés par une chaîne ininterrompue d'intermédiaires.

Ils représentent tout ce que la tradition a relaté au sujet du Prophète Mahomet : actes, paroles, approbations tacites et désapprobations à l'égard d'une pratique ou d'un usage, qualités et traits qu'on lui reconnaît, sa manière de vivre....

Certains docteurs de la Loi (Boukhari, Muslim...) ont recensé ces récits par thèmes accompagnés des noms des personnes les ayant rapportés afin de garantir leur origine. De plus, ils les ont classés en authentiques, bons et faibles. Seuls les premiers peuvent être utilisés dans l'élaboration des règles de droit.

Hallal (halâl)

Autorisé, licite selon la tradition islamique. Par exemple, la viande hallal.

HANAFITE

Terme désignant les monothéistes qui, avant l'Islam, condamnaient les cultes païens, sans toutefois être ni juifs, ni chrétiens.

HARAM (HARÂM)

Acte illicite, répréhensible du point de vue religieux. La viande de porc est haram pour les musulmans.

HAJJ

Pèlerinage à La Mecque.

Le pèlerin, après accomplissement des rituels, porte le titre de Hajj (féminin : hajja).

Cinquième pilier de l'Islam.

HAWALA (HAWÂLA)

Littéralement : lettre de change, billet à ordre, chèque ou traite.

Techniquement : le débiteur transmet la responsabilité du paiement de sa dette à un tiers qui est lui-même son débiteur. La responsabilité du paiement incombe ainsi, en dernier ressort, à un tiers.

L'Hawala est un mécanisme qui permet le règlement de comptes internationaux par transferts comptables. Il supprime, dans une large mesure, la nécessité d'un transfert physique de liquidités.

HIDJAB

Littéralement « celui qui empêche », le hidjab définit initialement tout ce qui cache ou préserve (tissu, enceinte, etc.). Il désigne couramment le voile et l'ensemble du vêtement qui couvre les femmes.

I

IBADAT (IBÂDÂT)

Obligations du culte.

IFTA

Action d'établir une fatwa.

IJMA (IJMÂ')

Consensus, avis unanimes de savants (ulémas) constituant une des sources du droit musulman. Pour qu'une règle de droit soit admise par l'Ijmâ', il faut qu'elle recueille l'assentiment des jurisconsultes. L'Ijma' n'est donc pas la coutume. Elle ne repose pas sur l'assentiment du peuple : elle n'a donc rien de démocratique.

Deux types d'Ijma' existent :

- l'*Ijma' explicite*, qui est prononcée par les docteurs de la loi expressément réunis pour dire la règle ;

- l'*Ijma' implicite* où l'on raisonne ainsi : on peut penser que les compagnons du prophète penchaient pour...

IJARA

Contrat assimilable à un contrat de crédit-bail dans lequel une banque achète un matériel ou tout autre élément d'actif et le loue à un entrepreneur contre un loyer. La durée de la location aussi bien que les honoraires sont fixés à l'avance.

IJARA WA IQTINA

Similaire à l'Ijara, mais à la différence que le client s'engage, une fois le contrat arrivé à son terme, à acheter le bien s'il procède à des remboursements échelonnés sur un compte d'épargne. Ce type de contrat, produit financier islamique classique, est couramment utilisé pour l'achat de bien immobiliers (maisons, logements...).

IJTIHAD (IJTIHÂD)

Recherche du jugement rationnel fondé sur le Coran et la Sunna. Lorsque le musulman ne trouve pas d'indication précise concernant une question dans le Coran, et que la Sunna ne lui apporte pas non plus d'élément décisif, il doit faire cet effort nécessaire de réflexion personnelle, d'interprétation en se basant toujours sur les principes généraux de l'Islam, lui permettant de déterminer la réponse la plus adaptée.

IMAM (IMÂM)

Officiant. Ce mot désigne traditionnellement celui qui dirige la prière. Il se tient devant tous les autres croyants, dirigé, comme eux, vers La Mecque. Dans le cas où les croyants sont au nombre de deux, les deux croyants se mettent côte à côte, celui tenant le rôle d'Imam se mettant à gauche. Dans la religion musulmane, le sacerdoce n'existe pas et tout croyant, pour peu qu'il connaisse bien sa religion et qu'il soit le plus érudit du Coran, peut diriger la prière.

IMAM KHATIB (KHATIB : PORTE-PAROLE)

Personne qui dirige la prière du vendredi et prononce le sermon (Khoutba).

INAN

Lorsque, dans un contrat de Moucharaka, les associés contribuent de manière inégale au capital et au travail.

ISLAM (ISLÂM)

Abandon intégral confiant de toute personne à Dieu. Le vocable « soumission » ne traduit qu'imparfaitement le terme Islam.

ISTISLAH

Procédure juridique consistant à tenir compte de l'intérêt public pour émettre un avis juridique.

ISTISNA'A

Mode de financement à moyen-long terme utilisé notamment dans le financement d'équipements industriels. Contrat d'entreprise par lequel un fabriquant (entrepreneur) accepte de produire (construire) un bien, dans un certain délai convenu à l'avance, à un coût préétabli englobant la rémunération de la banque.

Il s'agit d'une exception à la jurisprudence de la Chari'a qui n'autorise pas une personne à vendre un bien dont il n'est pas propriétaire et qu'il ne possède pas. Contrairement au Salam, le montant n'est pas réglé en avance. Selon la préférence des parties, il peut l'être en plusieurs tranches ou une partie au début de la transaction et le reste plus tard tel que convenu.

J

JI'ALAH

Contrat de service rendu pour l'accomplissement d'une tâche donnée contre le paiement d'une commission.

K

KAABA (KA'ABA, KA'BA)

Bâtiment sacré (« bayt al-haram »), de forme approximativement cubique, situé au centre de la Grande Mosquée de La Mecque, vers lequel les musulmans se tournent pour prier. Il est recouvert d'un brocart noir (kiswa) brodé de versets coraniques. Les pèlerins effectuent la circumambulation autour cet édifice.

KHALIFA (KHALÎFAT)

Vicaire ; calife (forme francisée).

KITAB (KITÂB)

Livre, écriture.

M

MAL RIBAWI

Objet susceptible au ribâ.

MAL MUTAQAWWIM

Bien qui fait l'objet d'un contrat dont la cause sous-jacente est licite.

MAYSIR

Jeu de hasard.
L'une des trois interdictions fondamentales en finance islamique (avec la riba et le gharar).
L'interdiction du maysir sert souvent de fondement aux critiques des pratiques financières classiques (spéculation, assurance traditionnelle, produits dérivés).

MOUDARABA (MOUDHARABA, MUTHARABA)

Partenariat d'investissement.
Contrat prenant la forme d'une société en participation dans laquelle l'entrepreneur (moudareb) et le bailleur de fonds sont nettement distingués : une partie investit un capital, l'autre apportant son savoir-faire (travail).

La rémunération de l'investisseur est fixée à l'avance (lors de la signature du contrat) sous forme de pourcentage des bénéfices (clé de répartition fixée au préalable). Le risque, pour le prêteur d'argent, est d'assumer une perte éventuelle alors que l'entrepreneur ne perd que la valeur de son travail.

MOURABAHA

Financement dans lequel l'institution financière joue le rôle d'un intermédiaire commercial. Elle acquiert, pour le compte d'un de ses clients, des matières premières, biens d'équipement… au prix coûtant et les lui revend à un prix majoré d'une marge bénéficiaire négociée entre les parties. Le remboursement s'effectue habituellement en plusieurs fois.

MOUCHARAKA (MOUSHARAKA)

Partenariat d'investissement.

Ce terme, qui trouve ses racines historiques aux premiers de temps de l'islam, est dérivé de « shirka » qui signifie en arabe « société » : un marchand aisé finançait une opération menée par un entrepreneur et les deux parties partageaient à égalité profits et pertes.

La moucharaka, telle que pratiquée aujourd'hui par les banques islamiques, est un contrat prenant la forme d'une sorte de commandite simple dans laquelle la banque et le client apportent des capitaux, dans des proportions variables, pour la réalisation d'un projet déterminé. Il s'agit ainsi d'une contribution au financement de projets. Les pertes et profits sont répartis en proportion de la participation de chacun.

Il existe deux grandes formes de moucharaka :

* **moucharaka définitive** : le prêteur participe au financement d'un projet de façon durable et perçoit régulièrement sa part aux bénéfices en sa qualité d'associé copropriétaire. Le remboursement de sa créance se fera *in fine* à la cession du bien, objet de l'investissement. Il s'agit, en l'occurrence pour le prêteur, d'un emploi à long et moyen terme de ses ressources stables.

* **moucharaka dégressive** : le prêteur participe au financement d'un projet ou d'une opération avec l'intention de se retirer progressivement de l'investissement. L'emprunteur versera, à intervalles réguliers, au prêteur la partie des bénéfices échus ainsi que l'amortissement progressif du capital investi. Cette formule s'apparente aux participations temporaires dans les opérations bancaires.

Mouamalat (Mu'âmalat)

Transactions commerciales.

Moudareb

Associé dans un contrat de moudaraba qui apporte le travail et s'occupe de la gestion des fonds que le rabb al mâl lui a confiés.

Mufti (Muftî)

Principal jurisconsulte religieux d'une ville ou d'un secteur géographique chargé de donner des avis qualifiés (fatwa) sur des questions religieuses. Il s'agit de l'interprète officiel de la loi musulmane.

Par extension, chef religieux de la communauté musulmane d'une région.

N

Nisab (Nisâb)

Fortune minimale au-delà de laquelle l'acquittement de la Zakât est obligatoire.

Elle correspond à l'équivalent de 85 g d'or soit environ 1 453 € (novembre 2007).

O

Ouléma (voir Oulama, Uléma, Ulama)

Omra (Oumrah, 'Umra)

« Petit pèlerinage » à la grande mosquée de La Mecque.
Il peut, en principe, être effectué à tout moment de l'année. Il ne remplace pas celui du Hajj qui est obligatoire pour tout musulman qui en a les moyens. Il consiste essentiellement en une circumambulation autour de la Ka'ba.

Oumma (Oummah, Ummah) islamiyya

Communauté musulmane prise dans son ensemble.

Q

Qâdî (voir cadi)

Qard al Hassan (pl. Qurud hasanah)

Prêt sans intérêt généralement employé dans les domaines social et humanitaire.

Qiyas

Cette source du droit musulman trouve sa légitimité dans le Coran et la Sunna.

Elle s'appuie sur le raisonnement par analogie qui permet de combiner révélation divine et raisonnement humain. Ainsi, l'interdiction de prêter à intérêt du grain peut être étendue, par analogie, à l'interdiction de prêter à intérêt des dattes ou du raisin sec.

Qur'ân (voir Coran)

Récitation, proclamation de la parole de Dieu.

R

Raab al-mal

Littéralement, propriétaire. Il s'agit, dans le contrat de moudaraba, de l'associé - apporteur de capitaux.

Ramadan (Ramadhân)

Neuvième mois du calendrier lunaire hégirien pendant lequel les musulmans jeûnent.

Il s'agit d'une période de privations (abstention de nourriture, de boisson, de tabac et de relations sexuelles du lever au coucher du soleil).

Un des piliers de l'Islam.

Rahn

Nantissement

Ribâ (Ribâ)

Littéralement : augmentation ou ajout. Par extension, mot signifiant, à la fois, usure et intérêt.

Techniquement : toute augmentation ou tout avantage obtenu par le prêteur et constituant une condition du prêt. Tout taux de rendement sans risque ou « garanti » sur un prêt ou un investissement relève de la riba.

L'une des trois interdictions fondamentales en finance islamique (avec le gharar et le maysir)

L'Islam rejetant strictement toute forme d'usure, celle-ci prend deux formes :

- intérêt sur l'argent prêté (Ribâ An-Nasî'a), emprunté, ou déposé sur un compte bancaire à intérêt ;

- prendre une marchandise de valeur supérieure contre une autre du même genre mais de valeur inférieure (Ribâ Al-Fadl).

S

Sadaqa (Sadaka)

Contribution volontaire aux oeuvres caritatives musulmanes.

Safqa

Contrat conclu par une paumée.

Salafistes

Les mots « salaf », « salafyia » font référence aux ancêtres, aux prédécesseurs. Courant ultra-radical.

Salat (pl. Salawat)

Prière, office religieux, rite canonique de la prière.
Deuxième pilier de l'Islam.

Sani'i

Maître d'ouvrage dans le cadre d'une opération d'Istisna'a.

Sawm

Observance du jeûne pendant le mois du Ramadan.
Troisième pilier de l'Islam.

Shahada (Shahâda)

Premier pilier de l'Islam.
Profession de foi attestant l'unicité de Dieu et la mission prophétique de Mahomet. Cette attestation se compose ainsi :

Ash-hadou an lâ ilâha ill-Allâh :
J'atteste qu'il n'y a d'autre Dieu qu'Allah ;
Ash-hadou anna Mouhammadan Rasoûl-Oullâh :
J'atteste que Mohammad est son Envoyé.

Shariah, Sharî'a (voir Chari'a)

Sourate (Sûra)

Le Coran est composé de 114 sourates (chapitres). Chaque sourate porte un nom particulier (« La vache », « Joseph », « Le Mont Sinaï »…) permettant de la reconnaître.

Une sourate ne traite pas obligatoirement d'un thème unique, abordé nulle part ailleurs dans le Coran.

Elle représente plutôt une unité dans la révélation divine. En effet, elle peut être composée de révélations ayant eu lieu à des moments différents de la vie du Prophète Mahomet mais, sauf exception, une même révélation reste entière dans une seule et même sourate.

Sukuk (soukouk)

Similaire à une obligation adossée à un actif, le sukuk est un billet de trésorerie qui confère à l'investisseur une part de propriété dans un actif sous-jacent et lui assure un revenu à ce titre.

L'entité émettrice doit identifier les actifs existants à vendre aux investisseurs Sukuk, par transfert à une entité ad hoc. Les investisseurs jouissent alors de l'usufruit de ces actifs, au prorata de leur investissement. Ils supportent généralement le risque de crédit de l'émetteur plutôt que le risque réel lié aux actifs détenus par l'entité ad hoc.

Les sukuks peuvent être cotés et notés en fonction du marché cible mais ce n'est pas obligatoire.

Les sukuks sont généralement émis par des entreprises, certaines institutions financières et des États (Bahreïn, Malaisie, Pakistan…).

Sultan

A partir du XIᵉ siècle, les sultans, d'origine turque, remplacent les califes, arabes, à la tête de l'État musulman.

L'union de l'État et de la religion se trouve définitivement disloquée.

Sunna (Sounnah)

Ensemble de six recueils, rassemblés par les compagnons du Prophète et rédigés au IXᵉ siècle (les hadîth), relatant l'histoire de la vie du Prophète. Ils forment la tradition islamique qui doit servir de modèle/guide aux croyants.

Le Coran et la Sunna mettent en garde de n'appliquer les peines qu'avec retenue et lorsque les faits sont parfaitement démontrés.

SUNNITES

Orthodoxes se conformant à la Sunna, seconde source de l'Islam.

Selon eux, la succession de Mahomet n'est pas héréditaire, le calife est élu. Ils préfèrent d'ailleurs Abou Bakr, beau-père de Mahomet, plutôt que son gendre, Ali.

T

TAKAFOUL

Assurance islamique.

Elle prend la forme d'une assurance coopérative avec mise en commun des fonds selon le principe coranique du Ta'awoun (« assistance mutuelle »).

L'assurance porte sur la protection mutuelle des capitaux et des biens en partageant le risque de perte par un de ses membres. Ce type d'assurance est semblable à l'assurance mutuelle du fait que les membres sont assureurs aussi bien qu'assurés.

L'assurance traditionnelle est interdite dans l'Islam car elle contient plusieurs éléments « haram » tels que le gharar et la riba.

TAWARRUQ

Mourabaha inversé.

TAWRID

Vente contractuelle par laquelle une quantité donnée, d'un montant donné, d'une chose est délivrée par un fournisseur pour un prix connu d'avance qui sera payé selon un échéancier arrêté entre les parties contractantes.

U

Uléma (Ouléma, Oulama, Ulama ; pl. 'âlim)

Savant de la religion musulmane, souvent spécialiste du droit musulman. Ils supplantent au XIIe-XIIIe siècle l'autorité des califes en matière de religion et de justice. Ils incarnent la « mosquée », la religion, par opposition au « palais », l'État. Indépendant de l'autorité des gouvernants, les ulémas sont les garants du respect et de l'application des principes de l'Islam.

Ummah (voir Oummah, Oumma)

'Umra (voir Oumrah, Omra)

W

Wadiah

Dispositif islamique contractuel de gestion de compte de dépôt à vue ou d'épargne (rémunération à la discrétion de la banque).

Wahhabisme

Mouvement puritain de réformation de l'Islam, né au XVIIIe siècle, fondé dans l'actuelle Arabie Saoudite sur l'enseignement de Mohammed ibn Abd al-Wahhâb (1703-1792). Il incarne l'un des courants les plus rigoristes de l'Islam.

S'appuyant sur un texte fondateur Kitab at-tawhid (« Livre de l'unicité »), le wahhabisme se réclame du salafisme. Il affirme vouloir défendre l'Islam contre toutes les déviances, hérésies et idolâtrie du monde moderne. Ses fidèles réfutent toute sorte de législation autre que le Coran et défendent la foi islamique « originelle ». Se revendiquant comme les seuls tenants de l'orthodoxie, ils interdisent le culte des saints, l'édification de monuments funéraires fastueux ou de mosquées luxueuses.

Ils s'opposent à l'usage des pierres tombales qu'ils jugent comme idolâtres, mais aussi à la construction de minarets au motif que ceux-ci n'existaient pas du temps du prophète Mahomet. Ils proscrivent le tabac, l'alcool, les jeux qui constituent une offense religieuse. Les plus rigoristes interdisent également l'écoute ou la pratique de la musique et de la danse.

WAKALA

Contrat d'agence incluant généralement des frais d'expertise.

Les banques l'utilisent souvent pour les grands comptes de dépôt : le client-investisseur nomme une banque islamique comme agent et paie une commission d'expertise pour rémunérer le travail de gestion des fonds par la banque.

WAQF (WAQJ, WAKF)

Bien de main-morte (terrain, village, boutique, bain), assurant les revenus de fondations pieuses ou les frais de travaux d'intérêt général, remise en état des infrastructures d'une cité, par exemple.

Z

ZAKAT (zakât)

Obligation faite à chaque musulman(e) possédant une richesse minimale (Nisâb) de verser une partie de ses biens en charité.

Troisième pilier de l'Islam.

ZAKÂT AL-MÂL

Prélèvement religieux imposé aux musulmans sur certaines activités (commerce, exploitation minérale, récoltes agricoles, épargne, etc.) et payable, une fois l'an (sans contrainte de date), aux bénéficiaires visés par la Chari'a (pauvres, nécessiteux, institutions spécialisées dans sa collecte...).

Le taux du prélèvement diffère selon les biens possédés : 2,5 % pour les actifs liquides (argent, actions...), 10 % de la valeur des terres agricoles irriguées, 5 % de la valeur des terres non irriguées.

Donc, seules sont concernées les personnes possédant en moyenne, sur l'ensemble de l'année, plus de 1 453 € d'économies (valeur en novembre 2007 du nisâb). Par exemple : une personne possédant 3 000 € d'économies paiera : 3 000 € x 2,5 % = 75 € de zakat.

ZAKAT AL-FITR

Aumône obligatoire versée à la fin du mois de Ramadân, avant la prière de l'Aïd-al-Fitr célébrant la fin du mois de jeûne.

Elle consiste en un repas offert à un nécessiteux (qui correspond en France à une somme estimée à environ 5 €).

Achevé d'imprimer par

C P I

Imprimerie France QUERCY
46090 Mercuès

N° d'impression : 81382
Dépôt légal : juin 2008

Imprimé en France